Jürgen Trabant

DIE SPRACHE

Verlag C.H.Beck

Originalausgabe
© Verlag C. H. Beck oHG, München 2009
Gesamtherstellung: Druckerei C. H. Beck, Nördlingen
Umschlagentwurf: Uwe Göbel, München
Printed in Germany
ISBN 978 3 406 56264 8

www.beck.de

Inhalt

1. Über Sprache Sprechen — 7
1.1. Mensch = Sprache — 7
1.2. Wissen von der Sprache — 10
1.3. «Sprache» — 15

2. Sprechen — 17
2.1. Miteinander: Stimme und Ohr — 17
2.2. Bedeutung — 18
2.3. Darstellung — 23
2.4. Doppelte Gliederung — 26
2.5. Mitdenken — 30
2.6. Sprechakte und Gespräch — 31
2.7. Körper, Deixis, Welt — 34
2.8. Schreiben und Fern-Sprechen — 37

3. Sprachen — 40
3.1. Historizität – Partikularität — 40
3.2. Wieviele Sprachen? — 45
3.3. Sprachfamilien — 48
3.4. Verschiedenheit und Ähnlichkeit — 49
3.5. Sprachvergleich — 55
3.6. Ist Verschiedenheit gut oder schlecht? — 58
3.7. Wissenschaftssprache und normale Sprache — 62
3.8. Liebe, Klang, Identität — 65
3.9. Die innere Verschiedenheit der Sprachen — 69
3.10. Sprache im historischen Wandel — 73

4. Diskurse — 79
4.1. Diskurstraditionen — 79
4.2. Rhetorik — 82

5. Rede — 85
5.1. Rede des Einzelnen — 85
5.2. Poetisch — 88

6. Sprach-Fragen — 91
6.1. Sprache und Schrift — 91
6.2. Sprache und Kultur — 97
6.3. Sprache und Politik — 104
6.4. Sprache naturwissenschaftlich — 108
6.5. Spracherwerb und Mehrsprachigkeit — 115
6.6. Vereinheitlichen, Sprachenlernen, Übersetzen — 118

7. Schluss-Worte — 123

Bibliographie — 125
Register — 128

Die Berührung der Welt mit dem Menschen ist der elektrische Schlag, aus welchem die Sprache hervorspringt, nicht bloss in ihrem Entstehen, sondern immerfort, so wie Menschen denken und reden. Die Mannigfaltigkeit der Welt und die Tiefe der menschlichen Brust sind die beiden Punkte, aus welchen die Sprache schöpft.
Wilhelm von Humboldt (VI: 203)

1. Über Sprache Sprechen

1.1. Mensch = Sprache «Der Mensch ist nur Mensch durch Sprache», schreibt Wilhelm von Humboldt im Jahr 1820. Diese hoch bedeutsame Stellung der Sprache für das Menschsein des Menschen macht die Sprache zu einem der wichtigsten Gegenstände menschlicher Reflexion – und folglich menschlicher Rede. Die Behauptung Humboldts ist nicht neu. Schon die Griechen hatten den Menschen als das «Sprache habende Wesen» (*zoon logon echon*) beschrieben. Aber das «nur» Humboldts gibt dem Satz doch eine zusätzliche Schärfe, die uns auch ein wenig erschrecken lässt. Es gibt doch Menschen, die keine Sprache haben. Sind die denn keine Menschen? Babys etwa können noch nicht sprechen, aber sie sind doch zweifellos schon Menschen. Menschen, die ihre Sprache durch Gehirnverletzungen oder Krankheiten (Aphasiker, Demente) verloren haben, sind doch immer noch Menschen. Wenn jemand «sprachlos» ist, also vor Überraschung und Überwältigung nichts mehr sagen kann, dann gibt er doch in diesem Moment sein Menschsein nicht auf. Sicher würde auch Humboldt diesen «sprachlosen» Menschen das Menschsein nicht absprechen. Denn in der Tat haben ja auch alle diese Menschen Sprache: Das Baby hat mit seiner biologischen Ausstattung eine Disposition zur Sprache mitbekommen, ein biologisch festgelegtes Programm, nach dem es Sprache «erwirbt» oder «entfaltet» – je nachdem, was als in dem Programm angelegt angesehen wird. Und auch wenn es noch nicht «richtig» sprechen kann, so kommuniziert es doch vom ersten Moment seines Lebens an (und vorher) schon mit seiner Umwelt, die es mit Sprache geradezu bombardiert. Es «badet» gleichsam in Sprache, schon im Mutterleib, und es arbeitet von der ersten Minute seines Lebens daran, selber zu sprechen. Es kann gar nicht anders, jedenfalls dann nicht, wenn seine Umwelt es als einen Menschen behandelt, d. h. mit ihm spricht. Auch Aphasiker und Demente haben Sprache, sofern sie, wie jedes menschliche Wesen, jene biologische Disposition zur Sprache besitzen und sofern sie – vor ihrer Verletzung oder Krankheit – wie alle anderen Menschen sprachliche Äußerungen erzeugt haben. Wenn sie nun aufgrund ihrer Schädigungen nicht mehr als volle Sprachwesen funktionieren, muss die Sprach-Gemeinschaft sie natürlich nach wie vor als Sprechende, also als Menschen, anerkennen und behandeln. Dass sie das tut, sieht man im übrigen an der Tatsache, dass alle, die mit Aphasikern und Dementen umgehen, selbstverständlich mit ihnen sprechen. Und schließlich wirft mich auch eine vorübergehende psychische Sprachlosigkeit nicht aus der Menschen- und Sprachgemeinschaft, die mir gleichsam mildernde Umstände zugesteht. Ich bin zwar zeitweilig von meinen Affekten überwältigt, aber ich bleibe dennoch ein Mensch, d. h. ein Sprachwesen, so wie ich auch Mensch, d. h. ein im Prinzip verantwortliches Wesen bleibe, wenn ich einen anderen im Affekt töte. Die Überwältigung durch den Affekt macht mich nicht zum Tier, ich werde nach wie vor zur Verantwortung gezogen. So ist es hier auch: Der sprachlose Mensch bleibt ein Mensch, also einer, der Sprache hat, auch wenn er gerade nicht über sie verfügt. Es gilt sozusagen prinzipiell die Normalität der Sprachlichkeit.

Humboldts Satz – und das dort vorkommende «nur» – sollte an der Stelle seines Erscheinens, also in der ersten Akademie-Vorlesung «Über das vergleichende Sprachstudium», auch keine anderen Menschen aus der Menschheit ausschließen. Er war dort gegen eine bestimmte Auffassung von der Menschwerdung des Menschen gerichtet. Er kommt in einem Kontext vor, in dem es um die Menschheitsentwicklung, modern gesagt, um die Evolution geht, obwohl wir um 1820 natürlich noch nicht von Evolution im modernen biologischen Sinne reden können. Humboldt lehnt an dieser Stelle die zu seiner Zeit gängige – und heute, in post-darwinistischen Zeiten, dominante – Vorstellung einer allmählichen Entwicklung des Menschen und der Sprache aus vormenschlichen Zuständen ab. Bei ihren Versuchen, sich von der Bibel und der dort erzählten Menschwerdungs-Geschichte abzusetzen und «philosophische» Alternativen zu denken, haben nämlich schon im 18. Jahrhundert viele Denker geglaubt, dass Menschen in einem vormenschlichen, «wilden» Zustand zunächst Schreie von sich gegeben und gestikuliert hätten. Aus diesem Geschrei und diesen Gebärden sei dann allmählich die artikulierte Sprache entstanden. Für Humboldt sind solche Wesen, die nur Schreie und Gebärden von sich geben, aber einfach keine Menschen, für ihn gibt es keinen Übergang von den imaginierten Vor-Menschen zum Menschen, kein allmähliches Entstehen der Sprache, sondern einen «Sprung». Die Sprache ist da, «auf einmal». Und das Lebewesen, welches die Sprache hat – und nicht irgendwelche vorsprachlichen Schreie und Gebärden –, das ist der Mensch. Deswegen – in dieser evolutionären Hinsicht also – ist der Mensch «nur» durch die Sprache Mensch. Die Sprache ist für Humboldt die entscheidende, von der Natur (oder von Gott, Humboldt zögert an der Stelle ein bisschen, er streicht die Worte «von Gott» dann schließlich aus dem Manuskript) in den Menschen gelegte Gabe. Sie ist von vornherein mit ihren wesentlichen Merkmalen bzw. als «Typus schon in dem menschlichen Verstande vorhanden» (Humboldt IV: 14). Wie das evolutionsbiologisch konkret aussehen könnte, davon hat Humboldt natürlich noch keine Ahnung. Humboldts Auffassung vom Sprach-Ursprung als einem evolutionären «Sprung» ist auch heute durchaus noch nicht gänzlich widerlegt, sie ist aber eher minoritär. Die Mehrheit der Evolutionsbiologen tendiert zur Annahme einer «allmählichen» oder – mit Humboldts schönem Ausdruck – «umzechigen» Entstehung der menschlichen Sprachfähigkeit. Wie dem auch sei, dass der Besitz der Sprache das entscheidende Merkmal des Menschen ist, das ist eine ziemlich allgemein geteilte Überzeugung. Für die Biologen Maynard Smith und Szathmáry

(1995) ist sie der letzte der «großen Übergänge» (major transitions) der Evolution.

Wenn nun auch die Natur, die Evolution oder Gott den Menschen Sprache gegeben hat, so ist diese Gabe aber nach Humboldt vor allem eine Auf-Gabe, nämlich «die in sie, als Menschen, gelegte Aufgabe der Sprachbildung» (Humboldt VII: 14). Bei allen Vorgaben der Natur muss der Mensch die Sprache nämlich noch «bilden», ihr eine Existenz in der Wirklichkeit geben. Und dies tut er in jeder seiner individuellen Äußerungen. Ohne diese «Arbeit des Geistes», wie Humboldts berühmte Formel heißt (Humboldt VII: 46), gibt es Sprache nicht, und diese historisch-kulturelle «Arbeit des Geistes» produziert Sprache in der Verschiedenheit der vielen Sprachen. Der italienische Dichter Dante hat dieses Zusammenspiel von Natur und Mensch bzw. Kultur bei der Sprachbildung am Anfang des 14. Jahrhunderts in folgenden Versen ausgedrückt:

Opera naturale è ch'uom favella;	Es ist Werk der Natur, dass der Mensch spricht;
ma cosí o cosí, natura lascia	ob aber so oder so, das lässt die Natur
poi fare a voi secondo v'abbella.	euch dann machen, so wie es euch gefällt.

1.2. Wissen von der Sprache Nun haben wir schon viel über die Sprache gesagt, ohne noch deutlich gemacht zu haben, was Humboldt denn meint, wenn er von «Sprache» spricht, die den Menschen zum Menschen macht, oder was die Griechen denn meinen, wenn sie vom *logos* reden, oder Dante mit dem Ausdruck *favellare*. Wir haben z. B. schon gesagt: Sprache entwickelt sich beim individuellen Menschenwesen; sie ist offensichtlich sowohl etwas Biologisches, etwas von der Natur oder der Evolution Gegebenes, als auch etwas Kulturelles, das Menschen selbst machen; sie tritt in verschiedenen Formen auf; sie steht im Zusammenhang mit Emotionen; sie ist irgendwie umstritten in der Debatte um die Evolution des Menschen.

Wir sehen daran, dass wir «Sprache» sagen können und durchaus auch schon verstanden werden, ohne noch ganz genau bestimmt zu haben, was das Wort «Sprache» denn im einzelnen bedeutet. Beim Sprechen operieren wir mit Wörtern, deren Bedeutungen wir in unserem «Sprachbesitz» gespeichert haben, und wir brauchen die Bedeutung von Wörtern ganz offensichtlich nicht völlig zu klären, um – so hoffe ich wenigstens – schon eine gewisse Verständigung herbeizuführen. So funktioniert Sprache gerade: Die schnelle Verfügbarkeit und Vagheit ihrer Bedeutungen ist eines ihrer wesentlichen Merkmale. Sie ist *zunächst* gerade nicht ein Mittel zur präzisen Bezeichnung von Begriffen und Sachen. Aber richtig ist auch, dass wir es genauer wissen wollen. «Genauer wissen wollen» heißt dann: «über die Bedeutungen der Wörter der alltäglichen Sprache hinausgehen», und genau das ist die Aufgabe der Wissenschaft. Wissenschaft gibt sich nicht mit den Bedeutungen der Umgangssprache zufrieden, sie lässt sozusagen die Sprache hinter sich und will erfahren, wie die Sachen in der Welt wirklich sind. Dazu braucht sie aber als Einstieg die normale Sprache. Diese ist ihr Ausgangspunkt, weil die Welt dem Menschen zunächst einmal durch die Alltagssprache gegeben ist. Es ist keine Wissenschaft denkbar, die nicht von der Sprache ausgeht. Das heißt aber umgekehrt gerade nicht, dass Wissenschaft in der Alltagssprache verbleiben müsste.

Und das heißt für das vorliegende kleine Buch über die Sprache, dass es versucht, den Leser dort abzuholen, wo er ist, nämlich in der Alltagssprache, um ihn dann in Gebiete zu führen, in denen man versucht hat, gerade hinter das Alltagswort «Sprache» zu schauen bzw. über dessen Bedeutung hinauszugehen. Das Wort «Sprache» wird sich – so hoffe ich jedenfalls – dann mit einem Wissen füllen, das bei der alltagssprachlichen Verwendung des Ausdrucks nicht unbedingt vorausgesetzt wird, das aber auch nichts schadet beim Sprechen über Sprache. Ich möchte das, was bezüglich des Ausdrucks «Sprache» im vorliegenden Buch geschehen soll, mit einem berühmten Beispiel illustrieren: Die normale deutsche Umgangssprache nennt einen bestimmten Himmelskörper «Abendstern». Wenn Wolfram im *Tannhäuser* singt: «O du mein holder Abendstern» oder wenn ich bei einem Spaziergang meine Begleiterin auf die Schönheit des Abendsterns hinweise, so weiß jeder Sprecher des Deutschen, was gemeint ist. Wenn ich nun allerdings eine wissenschaftliche Abhandlung über den Abendstern verfasse, so werde ich als erstes darauf stoßen, dass der «Abendstern» genannte Himmelskörper im Gebiet der Astronomie «Venus» heißt, ich werde sicher mitteilen, wie groß er ist, welches seine Stellung in Bezug auf die Erde und die Sonne ist, wie viele Monde er hat etc. Und zweifellos werde ich mit dem «Irrtum» aufräumen, der darin besteht, dass derselbe Stern auch noch einen zweiten alltagssprachlichen Namen hat, nämlich «Morgenstern». Die erotischen Konnotationen des Wortes «Abendstern» werden in dem wissenschaftlichen Buch vermutlich überhaupt keine Rolle spielen. Wenn der Leser dann das Buch über den Abendstern gelesen hat, ist er trotzdem nach wie vor berechtigt, die Venus «Abendstern» zu nennen, Wolfram muss nicht «O du meine holde Venus» singen. Das heißt: Auch wenn die Wissenschaft mir die «Wahrheit» über den Himmelskörper mitgeteilt hat, kann alltagssprachlich über diesen Gegenstand gesprochen werden. Das wissenschaftliche Wissen über den Stern wird dabei aber andererseits nicht schaden.

Vielleicht sollte ich, da ich durchaus Wissenschaftliches zur Sprache sagen möchte, des weiteren gleich bemerken, dass das, was Sie im Folgenden lesen werden, keine Einführung in die Sprach-Wissenschaft ist, auch wenn viel Linguistisches gesagt wird. Nicht nur die Linguistik produziert nämlich Wissen über die Sprache. Auch die Philosophie, die Psychologie, die Biologie, die Neurologie, die Soziologie, die Geschichte, die Literaturwissenschaft und andere Disziplinen generieren Wissen über die Sprache. Dass sie von so vielen Disziplinen – und gerade nicht nur von der Sprachwissenschaft – thematisiert wird, weist auf die Tatsache hin, dass Sprache ein extrem vielfältiges und komplexes Phänomen ist. In dieser Hinsicht ist «Sprache» ein ähnlicher Terminus wie «Leben». Auch das Leben wird ja nicht nur von der Biologie behandelt, sondern fast alle anderen Wissenschaften sind ebenfalls «Lebenswissenschaften», die Entscheidendes zum komplexen Gegenstand «Leben» zu sagen haben. Manche werden sogar behaupten, dass die Dichter mehr vom «Leben» wissen als die Biologen. In ähnlicher Weise darf man auch von der Sprachwissenschaft nicht zuviel erwarten. Ihr Kernbereich ist die Beschreibung der *Sprachen* der Welt, d. h. Linguisten schreiben Grammatiken und Wörterbücher der Sprachen, sie erforschen die historische Entwicklung und die Erscheinungsformen der Sprachen im Raum und in den Gesellschaften, und sie vergleichen Sprachen. Ihre zentralen Gegenstände sind die Sprachen in ihrer historisch-kulturellen Vielfalt. Die Erforschung des Spracherwerbs des Kindes z. B. ist Gegenstand der (Sprach-)Psychologie. Auch die Evolution der Sprachfähigkeit des Menschen ist kein Gegenstand der Linguistik, sondern der Biologie. Das Funktionieren von Sprache im Gehirn erforscht die Neurologie. Wie ein bestimmter Dichter Sprache verwendet, sagt uns die Literaturwissenschaft, die sich des weiteren in Rhetorik und Metrik mit allgemeinen Verfahren der Textherstellung beschäftigt. Diese Verfahren sind sprachliche Verfahren und gehören insofern zum Bereich «Sprache».

Diese Hinweise auf die beteiligten Disziplinen sollen aber gerade keine Aufteilung des Gegenstandes für bestimmte Zugriffe markieren, etwa so wie sich Eroberer oder Kolonisten ein Stück Land aufteilen oder wie Goldgräber Claims abstecken. Das wäre nicht nur unklug, weil damit das Land der Sprache in exklusiv und eifersüchtig bewachte kleine Gärtchen zerfiele, es wäre auch unmöglich, da die Sprache kein flaches, irgendwie sauber aufteilbares Land ist, sondern ein komplizierteres Gebilde, für das im Laufe der Zeit schon eine ganze Reihe von mehr oder minder geeigneten Metaphern verwendet worden sind: Lebewesen, Organismen, Gebäude etc. Jedenfalls ist sie etwas sehr Komplexes, wie ein Wurzelgeflecht, bei dem alles mit allem verbunden ist. Das vorliegende Buch versucht, ein paar Orte dieses Geflechts zu erhellen.

Die Sprache ist nicht nur Gegenstand wissenschaftlichen Wissens. Sie ist auch Gegenstand alltäglichen Wissens und Sprechens. So gut wie jeder glaubt zu wissen, was Sprache ist. Goethe hat das in den *Maximen und Reflexionen* kritisiert: «Ein jeder, weil er spricht, glaubt, auch über die Sprache sprechen zu können.» Aber das ist eigentlich überhaupt nicht zu verachten, weil die Wissenschaften von der Sprache durchaus auf diesem

Wissen aufbauen. Denn tatsächlich weiß ja jeder, was Sprache ist, weil jeder Mensch Sprache «kann», jeder also ein – mit dem Philosophen Leibniz gesagt – «konfuses» Wissen von Sprache hat. Im Deutschen machen wir einen Unterschied zwischen (Sprechen- oder Eine-Sprache-) «Können» und (etwas über die Sprache) «Wissen», was die Tatsache verstellt, dass auch das «Können» ein Wissen oder Kennen ist. Auf Französisch ist dies aber klar. Da sagt man: «jeder Mensch *weiß* zu sprechen», «tout homme *sait* parler», oder «er *kennt* das Deutsche», «il *sait* l'allemand». Dieses konfuse Wissen wird darüber hinaus tatsächlich auch im Alltag oft reflektiert und thematisiert. Jeder weiß z. B., dass Menschen sprechen, jeder weiß, welche Sprache er spricht, viele wissen etwas über die Dialekte ihrer Sprache, über andere Sprachen, über das Veralten von Wörtern, über richtiges und falsches Sprechen usw. Allerdings gibt es im Bereich des alltäglichen Wissens über die Sprache auch ziemlich viele Irrtümer. «Sprachmythen» nennen dies zwei englische Linguisten, die diesen «language myths» ein ganzes Buch gewidmet haben (Bauer/Trudgill Hrsg. 1998). Dort werden solche irrigen Meinungen kritisch beleuchtet wie: «das Französische ist eine logische Sprache», «Italienisch ist schön und Deutsch häßlich», «manche Sprachen sind einfach nicht gut genug», «die Sprachen der Ureinwohner sind primitiv».

Gegenüber solchen Vorurteilen über die Sprache im Alltagswissen sollten sich die Wissenschaftler allerdings nicht auf ein allzu hohes Ross setzen, denn es ist nicht zu übersehen, dass auch die wissenschaftlichen Disziplinen, die sich mit der Sprache beschäftigen, «Mythen» über die Sprache erzeugen, die bei näherer Betrachtung unhaltbar sind. So hat die Sprachwissenschaft z. B. lange behauptet, Sprachen seien Lebewesen, die wachsen, altern und sterben. Die Annahme, dass Sprache sich «natürlich» verändere, ist daher in der Linguistik und im Alltagswissen immer noch weit verbreitet. Moderne Linguistik verteidigte als Glaubenssatz die strikte Trennung der Sprache von der Schrift. Dass Sprache nichts oder wenig mit Kommunikation und Gesellschaft zu tun habe, ist ein Dogma eines Teils aktueller Linguistik. Manche Denker haben umgekehrt lange gemeint, die Sprache sei nur zur Kommunikation da und habe mit dem Denken nichts zu tun. Da Wissenschaft aber ein ständiger Diskussions- und Revisionsprozess ist, bemüht sie sich darum, Mythen zu zerstören, auch die eigenen. Das ist ihre Aufgabe von Anfang an, seit Platon, das heißt seitdem die Griechen den *logos* gegen den *mythos* auf seine welterhellende Bahn geschickt haben.

I.3. «Sprache» Die Welt, so sagte ich, ist uns zunächst durch die Sprache gegeben. Das menschliche Wesen, das mit allen seinen Sinnen auf die Welt hin offen ist, ertastet (be-greift), hört, schmeckt, riecht, sieht die Welt und formt diese chaotischen Erfahrungen in Sprache, und zwar – und das ist einfach zentral – nicht in einer einsamen Welterfassung, sondern zusammen mit den anderen sprechenden Menschen, die es umgeben. Das ist die ewige «Berührung der Welt mit dem Menschen», «der elektrische Schlag, aus welchem die Sprache hervorspringt», von dem Humboldt in jenem Satz spricht, den ich dem Buch als Motto vorangestellt habe. Der Mensch «fasst» – dies ist ja auch eine Metapher einer sinnlichen Handlung («Hand-lung»): «fassen» ist «greifen» – seine Erfahrungen in Worte (die er gleichzeitig entsprechend einer weiteren komplizierten Technik zu kombinieren lernt). In diesem Sinne ist ihm die Welt dann in der Sprache «gegeben», bzw. eigentlich gibt er sich selbst seine Welt als Welt aus Sprache. Er schafft sich solche gedanklich-phonetischen Einheiten wie *Vater, Mutter, Auto, Hund, essen, singen, grün, warm* etc. So ist dem Menschen oder jedenfalls den Menschen, die deutsch sprechen, auch ein Stück Welt gegeben, das *Sprache* heißt. Die Sprache selbst ist ja auch ein «Gegenstand» oder ein Ereignis in der Welt, das in Sprache gefasst ist. Die nun folgenden einführenden Überlegungen gehen aus von diesem alltagssprachlichen «Gegebensein» von Sprache. Das ist mir deswegen wichtig, weil ich zunächst der «Weisheit» der Alltagssprache folgen möchte und nicht den oft merkwürdigen Reduktionen und begrifflichen Festlegungen bestimmter wissenschaftlicher Disziplinen oder gar Richtungen innerhalb dieser Disziplinen.

Sprache hat im Deutschen grob gesagt zwei gut unterscheidbare Bedeutungen: Wir nennen Sprache einerseits jenes – nur dem Menschen gegebene – Handeln, mit dem ein Mensch einem anderen Menschen mittels bestimmter Lautproduktionen etwas über die Welt mitteilt. Genauer wird dieses Handeln mit dem Verb *Sprechen* bezeichnet. Und wir nennen *Sprache* andererseits das Ensemble der Mittel, die wir bei dieser Handlung des Sprechens einsetzen, grob gesagt, das Ensemble der Wörter und der grammatischen Verfahren ihrer Kombination. Ein solches Ensemble ist gleichzeitig auch immer die Sprech-Technik einer bestimmten Gemeinschaft, also deutsche, französische, nahuatl etc. Sprache. Alle Menschen sprechen, aber es gibt nicht nur *eine* Art und Weise des Sprechens, sondern die Menschen realisieren diese allgemein-menschliche Handlung auf ganz verschiedene Weisen. Das Verhältnis der beiden Momente von Sprache hat der Sprachwissenschaftler Eugenio Coseriu einmal unter Hinweis auf die entsprechende lateinische Konstruktion klargemacht: Auf Lateinisch sagt man *latine loqui, germanice loqui, graece loqui*. *Loqui*, das Verb, bezeichnet die allgemein-menschliche Handlung des Sprechens. *Latine, germanice, graece* usw. bezeichnen die Art und Weise, wie diese Handlung ausgeführt wird, und das drückt das Lateinische mit einem zum Verb gehörigen Adverb aus, das eine bestimmte Sprechergruppe bezeichnet: Lateiner, Germanen, Griechen. Also: «auf lateinische Art und Weise sprechen», «auf germanische Art und Weise sprechen» etc. *Sprache* in der zweiten Hinsicht ist also sozusagen das Adverb zum Verb *Sprechen*. Das Deutsche vereinigt diese beiden Aspekte – Sprechen und Sprache – in der Bedeutung des Wortes *Sprache*. Es macht allerdings die Beziehung zwischen den beiden nicht so recht klar, wenn es etwa fragt: «Welche Sprache sprichst du?» Die Akkusativ-Konstruktion «eine Sprache sprechen» wird dem tatsächlichen Verhältnis nicht wirklich gerecht. Man müsste eigentlich fragen «mittels welcher Sprache sprichst du?». Dabei käme das Adverbiale der Beziehung zwischen Sprache und Sprechen besser zum Ausdruck. Die deutsche Rechtschreibung signalisiert allerdings die adverbiale Beziehung der Art und Weise des Sprechens zum Sprechen, sofern sie das entsprechende Wort klein schreibt: «er spricht deutsch, französisch, russisch».

Beide Momente von «Sprache» gehören natürlich aufs innigste zusammen: Weder kann man einfach sprechen, ohne dies auf eine ganz bestimmte Art und Weise zu tun, es gibt kein Sprechen überhaupt. Noch hat die deutsche oder französische oder nahuatl Sprech-Art irgendwo sonst einen Ort als im Sprechen. Im Gefolge der französischen Sprachwissenschaft hat es sich eingebürgert, den ersten Aspekt, das Sprechen überhaupt, *langage* und den zweiten Aspekt, die Einzelsprache, *langue* zu nennen. Ich werde dieser Unterscheidung folgen und zunächst über das Sprechen und dann über die Sprachen sprechen.

2. Sprechen

2.1. Miteinander: Stimme und Ohr Sprechen besagt: Einer teilt dem anderen mittels Lauten etwas über die Welt mit. Das heißt zunächst, dass die Handlung des Sprechens zumindest zwei Handelnde benötigt: jemanden, der spricht, und jemanden, der dieses Handeln seinerseits aufnimmt, der sich an-sprechen lässt, der zuhört und versteht. Der Sprecher erzeugt dazu bestimmte Laute mit der *Stimme* (gr. *phone*) bzw. genauer mit den dafür vorgesehenen Organen – das ist im wesentlichen der gesamte Mund- und Nasenraum ab dem Kehlkopf, der für das Sprechen beim Menschen eine ganz besondere Position und Funktion hat: Während der Kehlkopf bei den anderen Primaten die Atemwege vom Speisetrakt abschließt, senkt sich der menschliche Kehlkopf so, dass die Atemwege nicht mehr richtig geschlossen werden können. Tatsächlich ersticken deswegen jährlich Hunderte von Menschen, ein hoher Preis für das Geschenk der Sprache (Lieberman 1998: 48, 139).

Das Bild auf der hinteren Innenseite des Umschlags zeigt in einem Durchschnitt durch den menschlichen Kopf die Sprach-Organe des Menschen, zumindest sofern er ein Sprecher ist.

Das andere Sprach-Organ des Menschen, das *Ohr*, findet bei diesen Darstellungen zumeist keine Berücksichtigung. Schon der Sprecher ist aber immer auch ein Hörer, zunächst ein Hörer seiner selbst. Er muss seine eigene Lautproduktion hören, um erfolgreich zu sprechen. Ohne die entsprechende Selbstanhörung kann er seine eigene Lautproduktion nicht richtig steuern. Das weiß jeder, der mit Hörgeschädigten zu tun hat: Schwerhörige sprechen z. B. oft zu laut, einfach weil sie ihre eigene Stimme nicht kontrollieren können. Da das Sprech-Handeln wesentlich Ko-Operation ist, muss das Sprechen des weiteren von einem Hörer als solches wahrgenommen und dann natürlich auch verstanden werden. Das Ohr des Anderen ist gleichsam das Interface der kooperativen Handlung. Ohne den Anderen liefe die Handlung völlig ins Leere. Der Andere ist aber nicht nur Angesprochener und Hörender, sondern genauso auch wieder Sprecher, er ist immer auch ein Ant-Wortender, er ist immer in dieser Doppelfunktion an der Handlung des Sprechens beteiligt. Und das heißt dann umgekehrt, dass auch der Sprecher immer ein Angesprochener ist. Im Grunde sprechen wir, weil wir uns angesprochen fühlen und daher antworten. Wir sind als Sprecher Antworter. Warum sollten wir sonst sprechen? Ohne den anderen Sprecher würde der Mensch Sprache auch nicht «erwerben». Nur weil wir von unserer ersten Lebensstunde an unentwegt angesprochen werden, sprechen wir. Wir nennen diese Beziehung zwischen dem Sprecher und dem Antworter die «kommunikative» Dimension des Sprechens.

2.2. Bedeutung Was soll es heißen, dass in der Kooperation eben jenes stimmlich produzierte und vom Ohr vernommene lautliche Etwas «etwas mitteilt»? Wenn wir einmal den – bei solchen Betrachtungen beliebten – Blick eines Außerirdischen auf die Menschen einnehmen, so würden wir beobachten, dass Menschen, wenn sie zusammen sind, eben oft Geräusche erzeugen, die ganz offensichtlich von den anderen wahrgenommen werden, da sie bei den anderen Menschen ebensolche Geräusche erzeugen, manchmal aber auch andere beobachtbare Verhaltensweisen. Etwa: A produziert Laute, B errötet und schlägt dem

A ins Gesicht und produziert ihrerseits dabei sehr laute Laute. Oder oft: A produziert Laute, daran anschließend produziert auch B Laute: A-B, B-A, A-B geht es hin und her, bis die beiden sich umarmen und jeder in eine andere Richtung davongeht. Ganz offensichtlich sind es diese Laute, die dieses Verhalten der Menschen verursachen. Die Laute müssen also mehr sein als nur Laute, sie müssen «für etwas» stehen oder «etwas» enthalten, das man nicht hören kann. Auch der oberflächlichste außerirdische Beobachter wird des weiteren vergleichend feststellen, dass die beobachteten Lautproduktionen bedeutend komplizierter sind als Lautproduktionen anderer Erdbewohner, die er ebenfalls studiert, etwa von Hunden oder Löwen. Das Entscheidende aber könnte der Extraterrestrische nicht beobachten, weil man es nicht beobachten kann, eben dieses, was die Laute «enthalten», die Bedeutung nämlich. Wenn er einen enzephalographischen Blick in die Gehirne der beobachteten Wesen werfen könnte, würde er vielfältige neuronale Aktivitäten an bestimmten Arealen des Gehirns feststellen. Bedeutungen sieht er dort keine. Tatsächlich geschieht neurologisch betrachtet nichts anderes als ein neuronales «Feuerwerk». Nach neuesten Forschungen geben bestimmte Muster der neuronalen Aktivität Aufschluss über verschiedene Bedeutungen (aber etwas anderes tun die mit dem Ohr vernommenen Laute auch nicht). Der enzephalographische Beobachter kann nicht feststellen, ob das neuronale Feuerwerk der Produktion (oder Wahrnehmung) des Lautes oder der «Bedeutung» gilt. Die Trennung macht neurologisch keinen Sinn. Es ist einfach dasselbe. Das heißt aber nicht, dass der Laut keine Bedeutung hätte bzw. dass Laut und Bedeutung nicht analytisch unterschieden werden können.

Deswegen muss ich meine phänomenologisch-geisteswissenschaftliche Beschreibung des Sprechens weiterführen. Dabei expliziere ich mittels Introspektion mein Wissen – und auch Ihr Wissen – von dieser Handlung. Also: Ich weiß, dass ich mit bestimmten Teilen des beobachtbaren Lautes – einmal vorsichtig und vorläufig gesagt – bestimmte «Vorstellungen» verbinde, und zwar immer (mehr oder minder) dieselben. Ich verbinde mit der Lautsequenz *tiš* (geschrieben: *Tisch*) eine bestimmte Vorstellung, die wir «Bedeutung» nennen. Wie die Lautsequenz *tiš* – auch wenn sie jedesmal natürlich ein einmaliges Ereignis ist – doch immer als dieselbe intendiert ist, so ist auch die Vorstellung, die ich mit ihr verbinde, jedesmal dieselbe. Ich denke mir ja nicht jeden Tag eine neue Bedeutung für *tiš* aus. Ich nehme im übrigen auch an, dass mein Zuhörer sich «dasselbe» beim Hören von *tiš* denkt wie ich. Ebenso bei den Sequenzen *bestell*, *heute*, *ich*. Die Lautsequenzen sind nicht nur Laute, sondern eben Laute mit Bedeutung. Dabei ist schon klar, dass dies vom Standpunkt eines Beobachters sinnlich (oder mit Apparaten) wahrnehmbarer Ereignisse die reine Fiktion ist: Der Sprecher produziert nur Laute, der Hörer/Antworter hört nur Laute (der Enzephalograph registriert nur elektrische Aktivitäten). Bedeutungen kann ich nicht hören und sehen. Aber der Antworter ebenso wie der Sprecher verbinden doch – auch wenn ich das nicht sehe und auch enzephalographisch (noch?) nicht abbilden kann – mit den genannten Lautsequenzen, wie man auch sagt, «Inhalte», so als ob diese Vorstellungen in den Lauten enthalten wären bzw. als ob die Laute Behälter wären, in denen diese Vorstellungen aufgehoben wären. Wir können uns ganz offensichtlich auch unsere geistigen Prozesse nicht anders als mit Metaphern aus dem Bereich des Sinnlichen vorstellen: «In-Halte». Der schon verwendete Ausdruck «Be-Deutungen» evoziert ein anderes Bild, nämlich den Vorgang des «Deutens» oder «Zeigens». Bei diesem Ausdruck «deutet» der Laut auf jenes Immaterielle, von dem ich gerade spreche. Wie immer diese Beziehung zwischen Laut und dem, was er «sagen» soll, sprachlich imaginiert wird – ob als Beziehung zwischen Behälter und seinem Inhalt, zwischen Zeichen und dem Be-Zeichneten, zwischen dem «Deut» und seiner Be-Deutung –, wichtig ist, dass etwas angenommen werden muss, was der Laut im Denken des Hörenden bewirkt und was folglich auch im Denken des Sprechenden als mit dem Laut verbunden intendiert war.

Auch wenn die jeweiligen lautlichen Ereignisse ganz individuelle Ereignisse sind, so sind sie doch aufgrund ihrer Herkunft aus einem gemeinschaftlichen Training sowohl hinsichtlich ihrer materiellen Gestalt als auch hinsichtlich ihres Inhalts ein geteilter Besitz oder zumindest ein als gemeinsamer angenommener Besitz: Ich nehme an, dass mein Zuhörer «dasselbe» versteht wie ich (ich selber verstehe heute ja auch noch dasselbe wie gestern) bei dem, was ich ihm zum Verstehen gebe. Meistens klappt das auch ganz gut. Ich sage: «das Buch!», und mein Partner reicht mir das Buch. Wenn er mir das Messer reicht, haben wir ein Problem.

Es wird durch diese Andeutungen aber schon deutlich, dass die Gemeinsamkeit des Besitzes von Lautsequenzen mit «Inhalten» oder mit «Bedeutungen», die wir «Wörter» nennen, eine äußerst prekäre und überhaupt nicht sichere ist. Dass der andere genau oder zumindest annähernd genau dasselbe unter einem bestimmten Wort versteht, ist geradezu ein Wunder. Denn der andere ist ja ein Individuum wie ich, der zwar ein gewisses gemeinsames gesellschaftliches Training hinter sich gebracht hat wie ich. Aber natürlich hat er ganz individuelle Vorstellungen von dem, was *tiš* «bedeuten» soll. Und dennoch haben wir eine gemeinsame Vorstellung von «Tisch». Das merke ich daran, dass er das Richtige tut, wenn ich rufe: «zu Tisch!». Das Wunder ist also eines, das ständig stattfindet. Wenn wir nicht wüssten, dass es tatsächlich immerzu stattfindet, würden wir aufhören zu sprechen – oder ständig den anderen mit der Bitte um Präzisierung oder «Definition» belästigen, wie es manche analytische Philosophen tun. Aber das ist gerade eine gravierende Verletzung der Grundannahmen des Sprechens: Wir vertrauen nämlich – zurecht, weil anders menschliches Zusammenleben gar nicht möglich wäre – darauf, dass die «Bedeutungen» mehr oder minder dieselben sind, bei mir und bei dir.

Wenn wir nun annehmen, dass mit bestimmten Lautsequenzen – *Tisch, bestell, ich, heute* – Inhalte verbunden sind, so kommt ein Weiteres hinzu. Wir sprechen ja nicht in einzelnen Wörtern, sondern mit ganzen *Äußerungen*. Wir müssen die Wörter, die in unserer Gemeinschaft (hoffentlich) gemeinsame Bedeutungen haben, noch nach bestimmten Regeln kombinieren. So etwa kann ich mit den genannten Elementen den Satz *ich bestelle heute einen Tisch* bilden. Dabei müssen die Elemente in einer bestimmten Reihenfolge miteinander kombiniert werden, und es müssen noch weitere Elemente an- und eingefügt werden, wie z. B. die Endung *-e* oder der Artikel *einen*. Diese Elemente sind nicht einfach nur «Kombinations-Dekorationen», sondern sie haben ihrerseits durchaus ebenfalls eine «Bedeutung» – oft höchst abstrakter Art. So zwingt mich das Element *ich*, kombiniert mit *bestell*, zum Anfügen von *-e*, ich hätte aber auch *-te* anfügen können, nicht aber *-st* (*ich bestellst). Das *-e* an dieser Stelle bedeutet «erste Person», es wiederholt gleichsam das *ich*, und es bedeutet des weiteren auch «Präsens» und nicht «Vergangenheit». Das Element Tisch *tiš* muss ich – jedenfalls hier – unbedingt mit einem Artikel kombinieren. Ich kann nicht sagen **ich bestelle heute Tisch*. Ich habe die Wahl zwischen *einen* und *den*. Es ist klar, dass ich durchaus einen verschiedenen Tisch meine, je nachdem ob ich *einen* oder *den* gesagt habe. Wenn ich sage *ich bestelle heute den Tisch*, so ist mir und meinem Antworter der Tisch schon bekannt. Wenn ich *einen* Tisch bestelle, so ist mir der Tisch unbekannt – und es ist mir auch egal, welchen Tisch ich bekomme, die Hauptsache ist, ich bekomme einen. Auch die Reihenfolge der Elemente ist, wie gesagt, geregelt und hat ihre eigene «Bedeutung». Im Deutschen ist die Reihenfolge relativ frei: Ich kann sagen: *einen Tisch bestelle ich heute* oder *heute bestelle ich einen Tisch*. Damit hebe ich allerdings schon jeweils andere Bedeutungsteile hervor. Aber die Umstellung *bestelle ich heute einen Tisch* verändert den Gesamtsinn des Satzes, er wird zum Fragesatz. Wieder andere Abfolgen sind nicht möglich, z. B. **Tisch einen heute ich bestelle*. Der Artikel steht im Deutschen vor dem Nomen (das ist durchaus nicht die einzige mögliche Stelle, es gibt Sprachen, wo der Artikel nach dem Nomen steht, die also *Tisch einen* sagen), und das Verb muss im Aussagesatz an der zweiten Stelle stehen (im Nebensatz am Ende).

Oft wird gesagt, wir sprächen in «Sätzen». Das ist nicht ganz korrekt. Wir sprechen in *Äußerungen* (utterances, énoncés). Äußerungen sind die kommunikativen Einheiten, die wir tatsächlich in der sprachlichen Kooperation produzieren, der Satz ist eine grammatisch-strukturelle Größe. Äußerungen haben oft die Form von Sätzen, das muss aber nicht der Fall sein. Bei einer

Antwort (z. B. auf die Frage *Verlässt du mich?*) kann es völlig ausreichend sein, *Ja* zu sagen oder auch *hmm*. Das sind vollständige Äußerungen, aber keine Sätze (es gibt allerdings auch Grammatiken, die *Ja* einen «Satz» nennen). Ich halte es für sinnvoll, den Ausdruck «Satz» für die übliche Kombination von Subjekt und Prädikat (oder Nominalphrase und Verbalphrase) zu reservieren. Andererseits kann eine Äußerung auch aus mehreren Sätzen – oder Hunderten von Sätzen – bestehen: Auf die Frage, die ich mit dem knappen *Ja* beantwortet habe, kann ich auch mit einer ganzen Tirade von Begründungen antworten: *Ja. Ich verlasse dich, weil du mich quälst. Deine laute Musik halte ich nicht aus, dein Aftershave verursacht mir Übelkeit, und deine Mutter hasst mich.* Dieses Ensemble von Sätzen ist eine Äußerung, die auf die gestellte Frage antwortet. Satz und Äußerung koinzidieren zwar nicht, der Satz ist aber gewiss die privilegierte Form der sprachlichen Äußerung. Er entspricht als Aussagesatz der Form des «Urteils», das die grundlegende Einheit der Logik – also der Wissenschaft vom Denken – seit der Antike ist. Als privilegierte Form sprachlicher Äußerungen ist er die größte Einheit der grammatischen Formung einer Einzelsprache (Französisch, Englisch, Russisch etc.), deren Regeln oft an den Grenzen des Satzes Halt machen. Es gibt nicht viele «transphrastische» – also über den Satz hinausgehende – Regeln der Einzelsprachen, der Satz ist aber durchweg einzelsprachlich geformt. Das Format des Sprechens aber, also das, was wir produzieren, wenn wir sprechen, ist die Äußerung, nicht der Satz.

2.3. Darstellung Dass A dem B *etwas* mitteilt, gilt in dieser Allgemeinheit auch für die Mitteilungen, die Tiere sich machen. Das Knurren eines Hundes zeigt dem anderen Hund an, dass er sich in Acht nehmen soll. Hund A drückt seine Seelenlage durch diese Lautäußerung aus und gibt damit auch gleich eine Anweisung, wie der wahrnehmende Hund B die Äußerung verstehen soll. Hund B versteht dies genau und greift an, unterwirft sich oder zieht sich zurück. Auch bei den menschlichen Mitteilungen ist dies der Fall: Immer enthält die sprachliche Äußerung auch Hinweise auf den Sprecher (und seine Seelenlage), und immer enthält sie auch Hinweise auf das erwartete Verhalten des Antworters. Da die sprachliche Äußerung Kooperation ist, sind immer Sprecher und Antworter als körperliche und seelische Gesamtsysteme an der Kooperation beteiligt. Das Besondere nun aber an sprachlichen Handlungen ist ihre zweite Dimension, ihr Bezug auf die *Welt*. Der große Sprachtheoretiker Karl Bühler (1934) hat dies «Darstellung» genannt. Wir nennen das hier auch die «semantische» Dimension des Sprechens. Bühler unterscheidet die dreifache Bedeutsamkeit der sprachlichen Äußerung als «Kundgabe» oder «Ausdruck» (Sprecher), «Appell» (Hörer) und «Darstellung» (Welt). Jedes Sprechen sagt erstens etwas über den Sprecher aus, zweitens gibt es dem Antworter Anweisungen und drittens teilt es etwas über die Welt mit, «stellt etwas dar». Die Darstellung ist nun allerdings das typisch Menschliche. Anscheinend haben auch Tiere bestimmte Zeichen für bestimmte Bereiche der objektiven Wirklichkeit. Denken wir an den berühmten Fall der Biene, die mit ihrem «Tanz» ja nicht mitteilt, wie glücklich sie über das Finden einer Futterquelle ist (Kundgabe), sondern die präzise Informationen über den Ort der Nahrung (Darstellung) kommuniziert (und damit natürlich an die Zuschauerinnen appelliert, dorthin zu fliegen). Etwas anderes kann die Biene allerdings nicht sagen, sie stellt immer nur diesen einen Bereich der Welt dar. Der Mensch dagegen gestaltet die ihn umgebende Welt in unglaublich differenzierter Weise mit jenen eigenartigen Laut-Bedeutungen oder Bedeutungs-Lauten, die «Sprache» genannt werden. Eigentlich kann der Mensch die «ganze» ihn umgebende Welt darstellen, und selbst wenn ihm die Worte fehlen, kann er welche erfinden, er kann prinzipiell über «alles» sprechen. Schon rein quantitativ ist diese «Darstellung» der Welt tatsächlich ein «Sprung» in der Natur, der die Menschen vom Rest der Natur unterscheidet. In diesem Sinne hat, wie Humboldt gesagt hat, «nur der Mensch Sprache».

Nur der Mensch «wortet» die Welt, um eine etwas altmodische, aber zutreffende Redeweise aufzugreifen. Sofern er dann diese Bedeutungs-Laute in seinem Sprechen verwendet, «stellt» er in seinem Sprechen auch immer etwas «dar», selbst wenn er nur die kommunikative Relation bedient, während der schon erwähnte Hund nie die Welt wortet, auf die er sich natürlich ebenfalls handelnd bezieht. Der Hund knurrt, wenn ein anderer ihm seinen blauen Ball wegnehmen will, aber niemals sagt er: *Bleib weg von meinem blauen Ball!* Der Mensch kann natürlich auch knurren, wenn sich ein anderer seinem blauen Ball nähert und ihn wegzunehmen droht. Aber selbst wenn er nur eine Warnung äußern will, und nicht den ganzen Satz *Bleib weg von meinem blauen Ball!* äußert, sagt er dennoch zumeist so etwas wie: *mein Ball!*, *meins!* oder *weg!*. Alle diese Äußerungen enthalten Laute, die die «Welt» gestalten, «Bedeutungen»: *Ball* bedeutet eine ganz bestimmte Art von Gegenständen in der Welt, *mein* enthält das Konzept einer Beziehung zwischen einem Gegenstand und dem Sprecher, das Wort *weg*, das ursprünglich ja den Ort bezeichnet, auf dem man gehen kann, verweist immer noch auf eine Bewegung des Gehens, auf den «Weg», auf den sich der Angesprochene machen soll (vgl. auch italienisch *via!*, das ebenfalls «Straße» und «weg!» heißt).

Und selbst wenn Menschen gar nichts über die Welt sagen wollen, wenn sie z. B. einfach nur die zwischenmenschliche Relation als solche bestätigen wollen, wenn sie also nur dem Anderen mitteilen wollen, dass sie ihn kennen und wahrgenommen haben, sagen sie oft noch etwas «Welthaltiges», etwas, das auf Welt verweist. Wenn ich meinem Nachbarn am Abend auf der Straße begegne, will ich ihm eigentlich nur signalisieren, dass ich ihn gesehen habe und seine Existenz anerkenne. Es würde eigentlich ein Augenaufschlag, eine Verbeugung oder Ähnliches genügen, ich sage aber *Guten Abend*, womit ich nicht nur meine Anerkennung zu einem Wunsch übertreibe, also das Appellative der kommunikativen Relation ausarbeite, sondern auch noch auf die Situation – auf die Welt – Bezug nehme, in der wir uns befinden, auf den «Abend». Noch im anscheinend völlig asemantischen *Tschüss!* steckt ein Stück Welt bzw. Gott, es ist ja eine degenerierte Form von *Adieu!*, und das hieß einmal «zu Gott!» (*à Dieu*). Bei *hei!* allerdings ist wohl jeder Weltbezug getilgt. Das heißt aber, dass auch im menschlichen Kommunizieren in Extremfällen nur die kommunikative Dimension bedient werden kann. Wenn allerdings menschliche Kommunikation allein auf solche interpersonalen Signale beschränkt wäre, wäre das eigentlich Menschliche des menschlichen Sprechens schnell dahin. Menschliches Sprechen hat, neben der kommunikativen Dimension, als typisch Menschliches die Darstellung, den Bezug auf die Welt oder, wie ich hier sage, die semantische Dimension.

2.4. Doppelte Gliederung An die semantische Dimension des Sprechens ist auch das *strukturelle* Charakteristikum des Sprachlichen gebunden: die sogenannte «doppelte Gliederung» (*double articulation*, Martinet 1963). «Gliederung» hat schon Wilhelm von Humboldt als das Wesen der Sprache angesehen. Doppelt ist die Gliederung, weil einerseits die Welt in gedankliche Einheiten gegliedert wird und weil dies andererseits mit einer Gliederung der materiellen Erscheinung der Sprache, des Lautes, verbunden ist: Der Mensch schafft in der Sprache bestimmte Konzepte, Inhalte, Vorstellungen, Bedeutungen, das heißt, er schafft bestimmte lautliche Größen, die mit einem aus der Welt begriffenen «Inhalt» verbunden sind. Diese sogenannte «erste» Gliederung, die Gliederung der Welt in gedankliche Einheiten, ist immer an bestimmte Laute gebunden. Es ist nämlich nicht so, dass die Menschen zuerst die Welt denken, der sie sich gegenüberfinden, und diesen Gedanken dann in einem zweiten Schritt lautliche Etiketten aufkleben. Sondern der Mensch – jeder einzelne Mensch und die Menschheit – lernt im sprachlichen Umgang mit seinesgleichen bestimmte Einheiten der Welt immer zusammen mit bestimmten Lauten als solche gedanklichen Einheiten zu fassen. Es kann schon sein, dass das kleine Kind zunächst das Ereignis «Mutter», «Hund», «Auto» etc. «denkt», dass es also schon gewisse diffuse Vorstellungen von diesen Größen der Welt hat, bevor es sprechen kann. Aber erst wenn es diese Vorstellung im Wort «gefasst» hat, hat es dieses Stück Welt geistig bearbeitet, und in diesem Sinne wirklich gedacht. Natürlich nimmt auch ein kleines Kind schon Farben wahr, aber auf den «Begriff» gebracht hat es seine Farbwahrnehmungen erst, wenn es über die verschiedenen Wörter (seiner Sprache, doch dazu später) für diesen Bereich der Welt verfügt. Dieser Prozess des Wortens der Welt ist nicht nur ein Wunder der Menschheitsentwicklung, sondern auch ein bei jedem individuellen Spracherwerb jedes Kindes zu beobachtender Prozess. In gewisser Hinsicht «bedeckt» jeder Mensch mit seinen Wörtern – auf individuelle Weise im Horizont seiner Sprachgemeinschaft – die ganze ihn umgebende Welt. Jeder einzelne Mensch tut das in verschiedenem Maße, einige verfügen über differenzierte Wortgedanken, andere nur über einfache Wort-und Begriffsraster. Wo ich nur zwischen «rot», «blau» und «grün» unterscheide, differenzieren eine Malerin oder eine Stoffdesignerin zwischen den verschiedensten Nuancen. Wo einer nur immer *machen* sagt (ein Kleid, eine Decke, ein Spielzeug, eine Heiligenfigur), verfügt ein anderer über genauere Bezeichnungen der Tätigkeit (*nähen, sticken, basteln, schnitzen*). Zu diesen primären Gestaltungen der Welt kommen die schon erwähnten weiteren bedeutungsvollen Einheiten hinzu, die diese primären Größen dann auf ihre Funktion im Satz vorbereiten (*der Tisch – den Tisch*) oder die weiteren «Inhalte» hinzufügen – etwa ob ein Gegenstand nur einmal oder in der Mehrzahl vorkommt (*Buch – Bücher*), wer eine bestimmte Handlung vollzieht (*ich singe – du singst*), wann diese Handlung vollzogen wurde (*ich singe – ich habe gesungen*), in welcher räumlichen Relation ein Gegenstand zum anderen steht (*auf dem Tisch – unter dem Tisch*) usw. – die ganze Vielfalt lexikalischer und grammatikalischer Mittel.

Diese riesige Welt von «Inhalten» ist – und deswegen handelt es sich um eine *doppelte* Gliederung – an *artikulierte Laute* gebunden, die der Sprecher produziert und an den anderen Menschen richtet, der sie hören und «verstehen» muss. Aber es hat nicht jede gedankliche Einheit einen eigenen Laut, da käme die menschliche Gedankenbildung nicht weit, weil der Mensch nicht Zehntausende von völlig unterschiedlichen Lautereignissen unterscheiden kann. Stattdessen ist diese ganze gegliederte Inhaltswelt – und das ist vielleicht das eigentliche *Wunder der sprachlichen Struktur* – an lautliche Einheiten geknüpft, die ihrerseits aus einer im Grunde extrem kleinen Zahl von «Teil-Lauten» zusammengesetzt sind. Der Lautstrom, der den menschlichen Mündern entströmt, ist ein «gegliederter», er besteht aus

«Segmenten», das heißt aus nicht sehr vielen unterscheidbaren Lautbewegungen, die eben – auch hier nach bestimmten Regeln – zum Wort kombiniert werden. Im schon erwähnten Wort, welches einen bestimmten runden Gegenstand zum Spielen bedeutet, kann man drei solcher Lautbewegungen unterscheiden: *b – a – l*. Diese unterschiedlichen Lautbewegungen kann man ganz verschieden kombinieren: *bla, lab, alb, abl, lba*, und alle diese Kombinationen können – müssen aber nicht – dann auch tatsächlich in der Sprache vorkommen: *bla*tt, *lab*or, *alb*ern, *t*a*bl*ett, *alba*. Hieran erkennt man das Geniale dieses Prinzips: Mit einer geringen Anzahl solcher rekurrenter Lautbewegungen kann ich eine riesige Zahl von Wörtern bilden. Das Prinzip wird seit der Antike «Artikulation» genannt: lat. *articulus* ist «das Gelenk». Die Metapher des Gelenks verweist darauf, dass der Lautstrom durch «Gelenke» untergliedert wird, wodurch Teile, Glieder, unterscheidbar gemacht, aber auch gelenkig miteinander verbunden werden. Dabei war wohl im wesentlichen zunächst an die Konsonanten gedacht worden, die als «Gelenke» den Strom der Vokale unterbrechen. Heute betrachtet man auch die Vokale als *articuli*, als Gelenke und Glieder. Man kann ja ganz genausogut sagen, dass die Vokale das Geräusch der Konsonanten untergliedern. Die Sprachwissenschaft nennt diese unterscheidbaren, wiederholbaren und kombinierbaren Lautbewegungen *Phoneme*.

Lautliche Artikulation, also die Unterscheidung und Kombination einiger weniger Lautbewegungen (zur Bildung bedeutsamer Einheiten), ist das materielle strukturelle Merkmal der menschlichen Sprache. Alle Sprachen sind daher artikuliert. Die Phoneme sind zwar verschieden in den verschiedenen Sprachen, aber ihre Anzahl ist in jeder Sprache limitiert und relativ gering, ungefähr zwischen zehn und achtzig Phonemen. Das Deutsche hat ca. vierzig Phoneme. Diese geniale Erfindung allein ermöglicht die unglaubliche – wahrhaft unendliche – Produktivität der menschlichen Sprachen, die Herstellung von Wörtern durch rekurrente Kombinationen von Phonemen nach bestimmten Regeln. Daher ist es auch eine richtige Intuition, bei der Suche nach den Genen, die der Sprache zugrundeliegen, nach den Genen für Lautartikulation zu suchen. Nach neuesten Forschungen scheint das Gen FOXP2 hierfür ein guter Anwärter. Die lautliche Artikulation ist zwar nicht alles, aber sie ist doch das fundamentale technische Prinzip, auf dem die menschliche Sprache basiert.

Die Kombinierbarkeit der Phoneme ermöglicht die Bildung einer unendlichen Zahl von Lautsequenzen, in denen «bedeutende» Einheiten erkennbar sind. In der Sequenz *difraohatšö:nəha:rə* kann ich zumindest die bedeutsamen Einheiten *di-fraoha-t-šö:n-ə-ha:r-ə* unterscheiden. Dass dieser Lautstrom segmentierbar ist, kann man auch daran erkennen, dass ich ja an bestimmten Stellen andere Lautsequenzen einfügen kann, die dem Satz eine ganz andere Bedeutung geben. Es muss sich also um bedeutsame Einheiten handeln, etwa: *diku:hatšö:nəha:rə* oder: *difraohatšö:nəšu:ə*. Die Sequenz *ku:* bedeutet etwas ganz anderes als die Sequenz *frao*, die Sequenz *ha:r* etwas anderes als die Sequenz *šu:*.

Von der Kombination von Phonemen in der lautlichen Artikulation hängt auch jene Eigenschaft der Sprache ab, die man ihre *Willkürlichkeit* genannt hat (Trabant 1994: 57–64). Die Kombinierbarkeit der Phoneme ermöglicht die Bildung von sprachlichen Einheiten, die in ihrer materiellen Form die bezeichneten Konzepte oder Gegenstände *nicht abbilden*. Das soeben erwähnte Wort *ku:* hat nichts «Kuhartiges», und es hört sich nicht an wie eine Kuh (es sieht auch nicht aus wie eine Kuh, da man es als Lautereignis sowieso nicht sieht), ebensowenig ist *šu:* «schuhartig» oder *frao* «frauenähnlich». Wenn von «Willkürlichkeit der Sprache» gesprochen wird, ist zumeist diese Nichtabbildlichkeit der lautlichen Seite der Wörter gemeint. Sie ist die materielle Basis für die Verschiedenheit der Sprachen: Auch das Wort *vaš* im Französischen (geschrieben *vache*) hat nichts Kuhartiges, und das Wort *fam* (geschrieben *femme*) hat nichts Frauenähnliches. Die Willkürlichkeit der Sprache geht aber noch viel tiefer und weiter, weil auch die «Bedeutungen» in den Sprachen keine Bilder von der Welt sind. Auch die Bedeutungen sind von Sprache zu Sprache verschieden, sie sind ganz verschiedene partikulare «Auffassungen» der Welt, keine Abbilder. Jede Sprache hat eine andere Semantik. Willkürlichkeit-Nichtabbildlichkeit bezieht sich auch auf die Bedeutungen, sie betrifft also die doppelte Gliederung insgesamt.

2.5. Mitdenken Die doppelte Gliederung ist die zentrale strukturelle Eigenschaft der Sprache, sie ermöglicht den gigantischen Ausbau der Darstellungs-Dimension der Sprache. Das strukturelle (doppelte Gliederung) und das funktionale Prinzip (Darstellung) hängen aufs engste miteinander zusammen. Wenn Sprache nur dem gegenseitigen Austausch von Gefühlen, Kundgabe und Appell, dienen würde, brauchte sie die darstellende semantische Funktion nicht auf die angegebene Weise auszubauen. Ein paar mehr oder minder standardisierte Signale, wie wir sie bei den meisten Tieren feststellen, würden völlig genügen, um das Zusammenleben zu organisieren. Das Charakteristische menschlicher Sprache ist nun aber gerade, dass sie über das Kommunikative hinausgeht und es um die Dimension der Welt-Aneignung erweitert und diese unendlich ausbaut. Das geniale Prinzip der doppelten Gliederung ermöglicht diesen Ausbau der Welt-Gestaltung in dem unglaublichen Maße, wie ihn die Menschheit in ihren Sprachen bisher bewerkstelligt hat und weitertreiben wird. Oder auch umgekehrt: Die Neugier des Menschen gegenüber der Welt – Herder hat das einmal «die Bedürfnisse kennenzulernen» genannt – hat sich in der doppelten Gliederung ein Werkzeug geschaffen, das ihm die Befriedigung dieses unstillbaren Wissensappetits ermöglicht. Mit zehn bis achtzig Lautbewegungen (Phonemen) kann der Mensch die Welt «fassen», wie es kein anderes Lebewesen vermag.

Aber diese differenzierte Weltgestaltung wirkt natürlich auch wieder auf die kommunikative Dimension zurück, denn sie ermöglicht dem Menschen eine ganz besondere Beziehung zu seinen Mit-Menschen, die wir damit als weiteres spezifisches Merkmal der menschlichen Sprachlichkeit hervorheben möchten. Der erwähnte Wissensappetit ist offensichtlich keiner, den der Mensch in stiller Einsamkeit befriedigt, sondern in der Kommunikation mit den anderen. Die Wörter, die der Mensch schafft, dieses riesige Ensemble von geistigen Einheiten, schafft er nicht zur einsamen Welterkenntnis, sondern zum «Mitdenken», wie Humboldt das einmal genannt hat (Humboldt VII: 583). Der sprachliche Ausbau der Darstellung ins Unendliche potenziert nun auch die Möglichkeiten der Kommunikation ins Unendliche. Mit der semantisch ausdifferenzierten Sprache steigern die Menschen im gemeinsamen Handeln die kommunikative Komplexität und bewirken damit jene reiche Entfaltung menschlicher Kulturen, die für die Menschen gegenüber den verschiedenen «Tierkulturen» charakteristisch ist.

Genau die von Humboldt «Mit-Denken» genannte Grundfunktion des menschlichen Sprechens ist auch von neuesten naturwissenschaftlichen Forschungen als die ganz besondere Art der menschlichen Kognition und damit als das eigentliche Geheimnis des evolutionären Erfolgs der Menschen herausgestellt worden: Kein anderes Lebewesen verfügt in demselben Maße über die Fähigkeit, sich in die Psyche des Anderen hineinzudenken wie der Mensch (Tomasello 2002). Das kann der Mensch aber nur aufgrund der «Objektivierung» seines Denkens in der semantischen Dimension der Sprache. Wenn er nicht über die sprachlich ermöglichte Ausdifferenzierung der objektiven Semantik verfügen würde, könnte er sich auch nicht in der besagten differenzierten Weise in das Denken des Anderen hineindenken. Ausbau der semantischen Dimension (aufgrund der Artikulation) und die spezifische Perspektivierung des Intersubjektiven gehen Hand in Hand. Gemeinsames «Handeln durch Mitempfinden» (Humboldt VII: 583) bewältigen auch die Tiere mit ihren kommunikativen Praktiken. Aber nur der Mensch lädt «seine Mitgeschöpfe zum Verstehen durch Mitdenken» (ebd.) ein, und das ermöglichen ihm die spezifisch artikulierten Töne der Sprache und die an sie gebundenen riesigen «Denk-Welten».

2.6. Sprechakte und Gespräch Das Sprechen ist nicht nur die Produktion bedeutungsvoller Lautsequenzen, mit denen der Sprecher dem Antworter etwas objektiv über die Welt mitteilt, der Sprecher teilt in seiner Äußerung dem Antworter auch immer etwas über sich selbst mit (Kundgabe), und er spricht damit auch immer etwas am Anderen an (Appell). Meine Äußerung sagt z. B. immer auch etwas darüber aus, welches Geschlecht ich habe, wie alt ich bin, wie mein emotionaler Zustand ist, auch wenn ich nur sage: *Der Baum ist grün*. Der Angesprochene wird seinerseits aus der Äußerung verstehen, wie der Sprecher ihn situiert. Wenn der Satz z. B. mit einem drohenden, gereizten Ton gesagt wird, dann weiß der Antworter sofort, wie ihn der Sprecher in der Interaktion sieht, und wird entsprechend reagieren. Wenn der Sprecher ihn siezt, markiert er ihn als Unbekannteren, Älteren, Höheren, als wenn er ihn duzt. Der intersubjektive Bereich des Sprechens ist ein hochkomplexes Handlungsfeld, in das die lautlichen sprachlichen Äußerungen eingebettet sind.

Bestimmte Aspekte der intersubjektiven Dimension des Sprechens sind in den letzten Jahrzehnten systematisch von der sogenannten Sprechakttheorie (Searle 1969) und von der Konversationsanalyse erforscht worden. Die Sprechakttheorie hat dabei ein reiches Feld von Handlungen beschrieben und systematisiert, die die Sprecher und Antworter mittels der Sprache vollziehen. Wir können mit dem Sprechen ja nicht nur etwas behaupten wie in der soeben zitierten Äußerung *Der Baum ist grün*. Wir können mit unseren Äußerungen auch den anderen auffordern, etwas zu tun, ihm befehlen, ihm drohen, ihm etwas versprechen, ihn grüßen, ihn beleidigen, ihn taufen usw. Sprecher und Antworter lernen mit ihrer sprachlichen Sozialisation nicht nur, sprachliche Äußerungen zu bilden, sie lernen auch, mit diesen Äußerungen die verschiedensten sprachlichen Handlungen zu vollziehen und zu unterscheiden. Dass sie ein präzises Wissen von diesen möglichen Handlungstypen haben, zeigen solche Nachfragen wie: «War das jetzt eine Drohung?». Auch die Möglichkeit, die verschiedenen Sprechakttypen in sprachlichen Ausdrücken explizit zu benennen, mit Verben, die diese Handlungen bezeichnen (sogenannten performativen Verben), weist auf dieses Handlungswissen. Im ersten Akt von Wagners *Tristan und Isolde* gibt es einen berühmten Disput über einen zu vollziehenden Sprechakt, der dann auch die Handlung entscheidend weitertreibt: Brangäne fragt, ob sie Tristan bitten soll, Isolde zu grüßen. Isolde präzisiert, dass der Sprechakt keine

Bitte, sondern ein Befehl sei: Brangäne: «Soll ich ihn *bitten*, dich zu grüßen?» Isolde: «*Befehlen* ließ dem Eigenholde Furcht der Herrin ich, Isolde!» Ob das eine oder das andere vorliegt, hat ja erhebliche gesellschaftliche Implikationen: Befehle erteilt die Höherstehende, die «Herrin», die Niedrigstehende bittet (um die Ausführung einer zukünftigen Handlung des Hörers).

Die sogenannte Konversationsanalyse (Sacks u. a. 1974) hat die Strategien des Miteinander-Sprechens untersucht, die das Panorama der sprachlichen Kooperation noch einmal komplizieren. Sprecher und Antworter lernen nämlich nicht nur, bestimmte Handlungen zu vollziehen und als solche zu erkennen, sie erwerben auch ein Wissen darüber, wie man sich in der Konversation strategisch verhält: wie man ein Gespräch beginnt (Gruß, Frage), wie man antwortet, wie man signalisiert, dass man nun mit der Antwort fertig ist und dass der Andere wieder die Rede übernehmen kann. Die Erlernung der Kunst der Übernahme und Übergabe eines Rede-Beitrags (turn-taking) gehört mit zur sprachlichen Sozialisation (Klann-Delius 1999: 41 f.). Dabei kommen dann auch noch weitere lautliche Techniken zum Einsatz als die bisher erwähnten. So deutet z. B. das Senken der Intonationskurve eines Satzes an, dass der Sprecher mit seinem Beitrag fertig ist und damit bereit zur Rede-Abgabe. Die «offene», unfertige Intonationskurve signalisiert dem Antworter, dass der Sprecher weitersprechen möchte, bei Entscheidungsfragen aber, dass der Antworter die Rede übernehmen und gleichsam die Intonationskurve mit seinem Redebeitrag vollenden soll. Auf der lautlichen Ebene wird die «artikulierte» Sprachbewegung also noch überlagert von einer nichtartikulierten Lautbewegung – der Intonation –, die ein konstitutiver Bestandteil des Sprechens ist, das sich ja nicht in einzelnen Wörtern, sondern in Rede-Beiträgen (turns) und Äußerungen vollzieht. Sie ist unverzichtbares Element bei der Konstruktion des «Sinns» einer Äußerung.

An dieser Stelle möchte ich den Ausdruck «Sinn» einführen, der – über den bisher verwendeten Begriff «Bedeutung» hinausgehend – die Gesamtsemantik einer *Äußerung* bezeichnet: die Bedeutungen ihrer sprachlichen Elemente, das, worauf sie sich bezieht (Referenz, siehe dazu den nächsten Abschnitt), die Sprechaktfunktion und die konversationelle Funktion zusammengenommen.

2.7. Körper, Deixis, Welt Mit der Ausweitung der Betrachtung des Sprechens auf Handlungen und Strategien der Kooperierenden sind wir immer noch nicht am Ende angelangt mit unserer einfachen Beschreibung des Sprechens: Wir sprechen nämlich nicht allein mit der Sprache, also mit den ja schon ihrerseits hochkomplexen lautlichen Sequenzen, sondern mit dem ganzen Körper. Alle sprachlich-lautlichen Handlungen sind eingebettet in weitere Bewegungen des Körpers: zunächst in die Bewegungen des Gesichts, die Mimik. Wir runzeln unsere Stirn, wir ziehen Augenbrauen hoch, kneifen unsere Augen zusammen, schürzen unsere Lippen. Wir wenden unser Gesicht dem Antwortenden zu. Sprechend ist unser Gesicht ein «Antlitz», das heißt ein «Entgegenleuchtendes». Aber der gesamte Kopf spricht mit, beugt sich vor, bewegt sich hin und her, neigt sich zur Seite, wird zurückgeworfen. Und auch der Rest des Körpers begleitet unsere Rede, am auffälligsten unsere Hände, die unsere Rede skandieren, unterstreichen, bzw. noch einmal gestisch kommentieren. Gestik begleitet die Rede. Vielleicht ist die Redeweise von der «Begleitung» der Rede durch Mimik und Gestik nicht ganz richtig, weil sie suggeriert, dass die mimische und gestische Bewegung auch fehlen könnte. Das kann sie aber nicht. Wenn jemand mit völlig unbewegtem Gesicht spricht, so ist das außerordentlich verwirrend und erschwert das Verständnis, vor allem weil der Rede damit eben das «Entgegenleuchtende» fehlt, gleichsam die visuelle Basis der auditiven Kooperation. Und ein völlig gebärdenfrei sprechender Körper macht die Rede leb- und seelenlos. Mimik und Gestik «begleiten» die Rede daher höchstens in dem Sinne, wie das Klavier die Stimme des Sängers im Lied «begleitet»: als integraler Bestandteil des Liedes.

Schließlich sprechen wir in noch emphatischerem Sinne nicht nur mit der Sprache, sofern wir auch noch über unseren Körper hinausgehen und «mit der ganzen Welt» sprechen müssen. Ich meine damit tatsächlich, dass wir von unserem Mund und unserer Stimme aus die gesamte Welt an unseren Mund und unsere Stimme binden, um das sagen zu können, was wir sagen wollen. Alles das, was wir um uns und unser Sprechen herum auf unser Sprechen beziehen, hat die Sprachwissenschaft «Umfelder» genannt.

«Ich bin jetzt hier!» Um diesen Satz sinnvoll zu äußern und als sinnvoll zu verstehen, brauchen Sprecher und Antworter die Welt um sich herum. «Ich» bezeichnet keinen objektiven Gegenstand in der Welt, sondern ganz abstrakt nur den Sprecher überhaupt, jeden Sprecher. Dass er der Sprecher ist, ist für den Sprecher selbst klar, der Antworter sieht und hört es in der konkreten Sprechsituation, in der Welt. Auch «Jetzt» und «Hier» bezeichnen keine bestimmten Zeiten (wie: am 28. August 1798) und Orte (wie: in Paris) in der Welt, sondern die Zeit und den Ort des Sprechens überhaupt. Konkret werden Zeit und Ort nur durch den Verweis auf die konkrete Zeit und den konkreten Ort des konkreten Sprechers in der Welt. Die Sprachwissenschaft spricht bei diesem Verhältnis der Sprache zur Welt von «Deixis», das ist das griechische Wort für «Zeigen». Ich, Jetzt und Hier sind nach Bühler (1934) die «Origo» – der Ursprung, der Ausgangspunkt – des sprachlichen Zeigens. Ohne dieses Zeigen auf die Welt versteht man zwar jedes Wort des Satzes «Ich bin jetzt hier!», aber die Äußerung hat noch keinen Sinn: Ich brauche die Welt, auf die die Wörter *Ich*, *Jetzt* und *Hier* zeigen, um die gleichsam «leere» Semantik des Satzes zu einer sinn-vollen Äußerung und zum sinn-vollen Verständnis aufzufüllen. An solchen etwas extremen Beispielen wird am schönsten deutlich, was damit gemeint ist, dass wir nicht nur mit der Sprache, sondern mit der ganzen Welt sprechen. Aber das trifft nicht nur für solche Beispielsätze zu, sondern auch für semantisch «vollere» Sätze. Auch bei «Ich freue mich so über das Buch» wird erst im Verweis auf die Welt – das Verweisen auf Gegenstände nennt die Sprachwissenschaft «Referenz» – klar, welches konkrete Buch denn gemeint ist.

Zur «Welt», die wir zum Sprechen brauchen, gehören nun des weiteren nicht nur die konkret in der zeitlich-örtlichen Situation sinnlich erfahrbaren Gegenstände und Menschen, sondern auch das *Wissen* der Sprecher und Antworter über die Welt.

Sprecher beziehen sich nicht nur auf sinnlich wahrnehmbare Gegenstände, sondern auch auf gewusste Gegenstände: Den Satz «Schneewittchen liebte den siebten Zwerg ganz besonders» kann ich nur dann sagen und richtig verstehen, wenn ich das Märchen kenne, d. h. wenn ich mich als Sprecher und Antworter auf ein bestimmtes Wissen beziehen kann. Wenn ich das Märchen nicht kenne, werde ich verstehen, dass eine Person namens Schneewittchen einen kleinen Menschen liebte und dass dieser «kleine Mensch» der siebente in einer Reihe von «kleinen Menschen» ist. Soweit reicht das Sprach-Wissen für einen normalen Sprecher des Deutschen, der das Märchen nicht kennt. Aber wer die genannte Person ist (ist sie eine Frau, ein Mann, ein Kind?), was es mit der Einordnung des Zwerges als siebter auf sich hat (stehen etwa hundert Zwerge in einer Reihe?) und was konkret mit *lieben* gemeint ist, das kann ich nur unter Heranziehung meines Welt-Wissens verstehen.

An diesem Beispiel aus der «gewussten» Welt wird auch deutlich, dass es nicht immer klar ist, was «Sprache» und was «Welt» ist, bzw. genauer: was «Sprachwissen» und was «Weltwissen» ist. Fast jeder Sprecher des Deutschen wird wissen, wer «Schneewittchen» ist, aber gehört dieses Wissen nun zum Wortschatz des Deutschen? Die Sprachwissenschaft hat zunächst einmal die Eigennamen aus dem Wortschatz herausgenommen, weil sie ja keine eigene Semantik haben. Die Eigennamen *Karl* oder *Maria* «bedeuten» als Eigennamen nichts (auch wenn sie einmal aus bedeutenden Wörtern hervorgegangen sind). Wie im Fall *Schneewittchen* oder *Napoleon* beziehen sie sich tatsächlich nur auf ein ganz bestimmtes Wissen, auf eine konkrete Person in der Welt. *Karl*, *Maria*, *Schneewittchen* und *Napoleon* verweisen direkt auf Welt-Wissen. Wie steht es aber mit *Zwerg*? Die Sprecher des Deutschen wissen, dass *Zwerg* «kleiner Mensch» bedeutet, aber den meisten Sprechern des Deutschen sind Zwerge nur aus dem Märchen bekannt. Die Semantik des Wortes *Zwerg* ist daher ganz ohne Zweifel von diesem Märchenwelt-Wissen nur schwer zu trennen. Ohne dass es eine wirklich trennscharfe Abgrenzung geben muss, kann man aber dennoch sehen, dass das Wort *Zwerg* auch ohne Kenntnis des Märchens etwas bedeutet und insofern zum «Sprach-Wissen» gehört. Die viel diskutierte Unterscheidung zwischen «Wörterbuch» (Sprachwissen) und «Enzyklopädie» (Weltwissen) kann also durchaus beibehalten werden, wenn man keine allzu scharfe Trennung verlangt. Im Sinne unseres Ausgangspunkts, dass der Mensch nicht nur mit der Sprache, sondern mit der ganzen Welt spricht, plädieren wir hier ja sowieso eher für einen Übergang zwischen Sprache und Welt als für einen Abgrund (Blank 2001: 138 f.).

2.8. Schreiben und Fern-Sprechen Wir sind bei unseren bisherigen Betrachtungen des Sprechens immer von der «vollen» und direkten Sprech-Tätigkeit ausgegangen: Der Sprecher begegnet dem Antworter ganz konkret, also am gleichen Ort zur gleichen Zeit (hier und jetzt) von Angesicht zu Angesicht – von Antlitz zu Antlitz –, und sie kooperieren in der Produktion und Rezeption lautlicher Sprache. Sprechen manifestiert sich aber nicht nur in direkter lautlicher Rede, sondern – in unseren modernen Gesellschaften vielleicht mehr noch – in kommunikativen Konstellationen, die diese raum-zeitliche Direktheit nicht (oder nur teilweise) kennen: als Schreiben, Telephonie, Television. Ich deute hier nur kurz die Konsequenzen von Schreiben und Telephonie auf die Gesamt-Konstellation des Sprechens und seiner Umfelder an.

Eine ziemlich radikale Reduktion des Sprechens findet beim Schreiben statt. Zunächst ist der Andere nicht da, deswegen schreibe ich ja. Die kommunikative Dimension ist also halbiert oder zumindest aufgeschoben. Dann gebe ich beim Schreiben meine Stimme und meinen mimisch und gestisch aktiven Körper auf. Auf dem Papier – oder auf irgendeinem anderen Träger meiner Schriftzeichen – ist alles stumm und starr. Die Maschinenschrift sagt nicht einmal mehr, ob ich eine Frau, ein Mann, aufgeregt, ruhig oder traurig bin (die Handschrift enthält noch Momente der Kundgabe). Die Deixis wird aufgehoben. Hegel sagt das einmal drastisch in der *Phänomenologie des Geistes*: Wenn ich jetzt in der Nacht den Satz «das Jetzt ist die Nacht» aufschreibe, ist am nächsten Mittag diese Wahrheit «schal» geworden, d. h. der aufgeschriebene Satz referiert deiktisch nicht mehr direkt auf die Welt, weil das beim Schreibakt dem Zeigen noch präsente Jetzt längst vergangen ist. Das gilt für das Hier entsprechend. «Hier ist es schön» ist längst schon nicht mehr wahr, wenn die Postkarte bei der Großmutter ankommt und am letzten Tag der Reise in den Briefkasten gesteckt wurde. Die prinzipielle Unterbrechung der direkten Beziehung zwischen den Kommunizierenden durch die Schrift ist ja auch eine beliebte Quelle der dramatischen Verwirrung im Theater: In *Kabale und Liebe* weiß Ferdinand nicht, dass Luise gezwungen wurde, einen Liebesbrief an einen ihr völlig fremden Mann zu schreiben, er hält nur das Geschriebene in der Hand und rekonstruiert aus ihm die kommunikative Beziehung, diese hat es aber nie gegeben. Die *Liaisons dangereuses,* der raffinierte Briefroman von Choderlos de Laclos, spielen souverän mit dem Raum der Lüge, der sich durch die Schrift auftut. Alles Situationelle und Deiktische (Ich und Du und Hier und Jetzt) wird unsicher durch die Loslösung des Wortes von seiner Quelle, seiner Origo, und durch seine Fixierung auf einem Datenträger, den der Sprecher nicht mehr kontrolliert. Genau das kritisiert schon Platon im *Phaidros* an der Schrift: Sie entwendet gleichsam dem Meister das Wort, der – wenn es aufgeschrieben ist – ja nicht mehr darüber verfügen kann. Nur im direkten Gespräch beherrscht der Meister sein Wort – und seine Schüler.

Da die Deixis und die situationelle Referenz aufgehoben sind, muss die schriftliche Äußerung, wenn sie die Leerstellen der aufgehobenen Deixis ausgleichen will, ausdrücklich sagen, wer Ich ist, wo Hier ist, wann Jetzt ist und von welchem Gegenstand die Rede ist. Schrift muss also große Teile der Welt, die sonst beim Sprechen einfach als solche mitspielen, in Sprache umwandeln. Daher ist geschriebenes Sprechen notwendigerweise expliziter. Ich kann nicht mehr auf die Äpfel deuten und dem Obsthändler auf dem Markt, den ich mit einem kurzen «Hallo» begrüßt habe, sagen: «zwei!», sondern ich muss, wenn ich das schriftlich machen möchte, meinen Namen und den Namen des Verkäufers, den Ort und den Tag angeben, eine umfangreiche Begrüßungsformel bemühen, meine Zahlungsmodalitäten beschreiben, wenn ich denselben Effekt erzielen möchte: «Jürgen Trabant, Krampasplatz 4 b, 14199 Berlin, den 8. April 2008. Sehr geehrter Herr Müller, darf ich Sie bitten, mir an die oben angegebene Adresse zwei Äpfel der Sorte Royal Gala zu schicken. Ich werde bei Lieferung bar bezahlen bzw. die Kaufsumme auf Ihr Konto überweisen. Mit freundlichen Grüßen, JT.»

Durch die Aufspaltung und Aufhebung der interpersonalen Beziehung konzentriert sich schriftliche Sprache gleichsam auf das Objektive, sie spezialisiert Sprache sozusagen auf die darstellende Dimension. Ich und Du sind ja abwesend, es waltet das Semantische vor dem Kommunikativen. Die weitverbreitete Vorstellung, dass Sprache etwas Rationales sei, etwas, in dem die Emotionalität gebremst, wenn nicht gar völlig eliminiert ist, hat sicher auch damit zu tun, dass Sprache in unserer literalen Kultur weitgehend als geschriebene – damit eben um ihre emotionale, körperliche, phonische, deiktische Dimension reduzierte – Sprache gedacht wird (Ong 1982).

Das andere omnipräsente Sprechen, das ebenfalls eine Reduktion der vollen Redekonstellation darstellt, ist das Fern-Sprechen, die Tele-Phonie, die durch das Handy auch noch von jeder Ortsgebundenheit befreit wurde. Wie beim Schreiben sind Mimik, Gestik, Deixis im gemeinsam geteilten Raum verschwunden. Beim Telephonieren ist aber, anders als beim Schreiben, die Stimme noch da, und die Zeit ist ein gemeinsames Jetzt. Telephonie ist eine geradezu unheimliche Konzentration auf stimmliche Sprache. Die Absenz der sichtbaren und fühlbaren Körper der Sprechenden steigert die rein sprachliche, phonische Präsenz von Ich und Du. Während die Schrift durch die Unterbrechung der raum-zeitlichen Präsenz von Ich und Du das «Objektive», Darstellende, Weltbezogene akzentuiert, betont das Telephonieren eher die kommunikative Dimension: Dass du da bist, ist das Wichtige, dass unsere Stimmen zusammen sind, erweist sich als der hauptsächliche Zweck des telephonen Sprechens. Natürlich kann der Sprecher auch mitteilen, wie die Aktien stehen und wann der nächste Zug nach Hamburg geht. Aber die Redeweise vom «Anrufen» trifft eher ins Zentrum dieser Aktivität: Es geht um die Anrufung des Anderen und um den Rückruf des Angerufenen. Kommunikation ist das Wichtige, nicht Information. Und da du nur als Stimme da bist und nicht als Körper, schafft die ferne Stimme eine passionale Sehnsucht nach der Präsenz des Körpers des anderen. Es ist kein Zufall, dass eines der schönsten und treffendsten literarischen Werke über die – unerfüllte – Liebe *La voix humaine* von Jean Cocteau ist, in dem eine liebende Frau am Telephon ihren treulosen Liebhaber «an-ruft» und verzweifelt darauf bedacht ist, die Verbindung nicht abreißen zu lassen. Darum geht es: Die Verbindung darf nicht unterbrochen werden. Daher sind die Menschen auch so sehr bereit, sich Tag und Nacht in der Verfügbarkeit der Stimme des anderen zu halten: Sie wollen die Verbindung, die wir alle brauchen, nicht abreißen lassen. Was dann über die Welt gesagt wird, ist nicht so essentiell. Ich will dich anrufen, um etwas über mich zu sagen und deine Stimme zu hören, und du sollst mir antworten, eigentlich sollst du mir sagen, dass du mich liebst.

3. Sprachen

3.1. Historizität – Partikularität Die bisher geschilderten Aktivitäten und Strukturen beschreiben den Vorgang, den wir in unserer Sprache «Sprechen» nennen und der bei allen Menschen der Welt in der beschriebenen Weise stattfindet. Alle Menschen der Welt kooperieren auf dieselbe Art und Weise sprechend miteinander: Alle produzieren diese merkwürdigen Laute, an denen Gedanken, Bedeutungen, Inhalte «kleben», für andere, die ihnen zuhören und diese «Bedeutungslaute» verstehen, das heißt deren «Bedeutungen» ihrerseits in ihrem Gehirn nachschaffen, und die ant-worten. Wort und Ant-Wort, Spruch und Wider-Spruch sind universell. Nicht universell ist allerdings die Art und Weise, wie die verschiedenen Menschen der Welt diese universelle Tätigkeit realisieren. Das «Adverb» für «Sprechen» (*loqui*) – ich sagte es schon – ist jeweils verschieden: *germanice, graece, latine*.

Da jeder Mensch ein Mensch ist, ist er biologisch mit allen anderen Menschen verbunden. Die biologische Ausstattung ist dieselbe, egal ob er im Eis Sibiriens, zwischen den Wolkenkratzern von New York, am Orinoko oder in Shanghai lebt. Das zeigt sich schon ganz einfach an der Tatsache, dass jeder Mensch sich mit jedem anderen Menschen fortpflanzen kann (verschiedenen Geschlechts sollten sie schon sein, jedenfalls im Moment noch). Das gelingt ihm schon nicht mehr mit seinem nächsten Verwandten in der Tierwelt, mit dem Schimpansen, mit dem er zwar 99 Prozent der genetischen Ausstattung teilt, mit dem er aber dennoch keinen gemeinsamen Nachwuchs haben kann, auch wenn er noch so sehr in Liebe zu Washoe, Kanzi oder Lana – um nur die berühmtesten zu nennen – entbrennt. Andererseits ist jeder Mensch – außer er ist der Klon eines anderen – schon biologisch ein völlig einmaliges Wesen, und selbst ein klonierter Mensch ist durch die völlig anderen Erfahrungen, die er macht, vom ersten Moment seines Lebens an ein völlig individueller, weil er ja nicht nur ein geschlossenes biologisches System ist, sondern als System offen ist auf die Umwelt, die ihn jeweils völlig individuell prägt. Des weiteren ist aber der Mensch niemals allein auf dieser Welt. Er ist – mehr als alle anderen Lebewesen – angewiesen auf die anderen Menschen. Er ist notwendigerweise und wesentlich ein *zoon politikon*, ein «gesellschaftliches Wesen». Und nirgendwo zeigt sich das «Politische» seines Wesens deutlicher als in der Sprache. Der Mensch muss – da er ja mit dem Antworter kommunizieren muss – seine Sprache auf diesen ausrichten. Das heißt, dass er, auch wenn er ein einmaliges Individuum ist und daher ganz individuelle Lebensäußerungen von sich geben wird, seine an den anderen gerichteten Lautäußerungen auf diesen anderen ausrichten muss. Er muss also, wenn er erfolgreich sprechen will, so sprechen *wie der Andere*. Die notwendigerweise individuelle Sprache des Individuums ist immer *auch* gemeinschaftliche Sprache.

Das könnte bedeuten, dass der Mensch so sprechen muss wie *alle* Anderen, dass also die erwähnten Bewohner Sibiriens, Amerikas und Asiens alle so sprechen wie er. Das ist aber nun evidenterweise nicht der Fall. Der Andere ist nicht nur als Individuum ein Anderer und ansonsten aber universell mit mir identisch. Der Mensch ist «politisch» (*politikos*) in *verschiedene* Gesellschaften oder «Städte» (*poleis*) organisiert und in verschiedene Sprachen differenziert. Zwischen dem Individuellen und dem Universellen liegt die Ebene des *Partikularen*, des *Historisch-Kulturellen*. Die universelle Handlung des Sprechens wird von den Individuen nach Vorgaben historisch besonderer Gemeinschaften vollzogen. Es gibt daher ganz offensichtlich – das ist eine sehr verbreitete menschliche Erfahrung – die wie ich Sprechenden und die nicht wie ich Sprechenden. Und von denen gibt es eine ganze Menge und auch sehr verschiedene. Es gibt sehr viele verschiedene Sprachen.

Warum ist das so? Die Antwort auf diese Frage kann – außer der Natur des Menschen (dazu gleich) – nur die Geschichte der menschlichen Gattung geben: Wenn wir annehmen – das scheint im Moment das plausibelste Szenario zu sein –, dass die Menschheit einen gemeinsamen Ursprung in Afrika hatte, so muss man sich die – Jahrtausende in Anspruch nehmende – Wanderung aus Afrika und die Verbreitung des Menschen über die Erde doch als einen Vorgang vorstellen, der von kleinen weit verstreuten Gruppen bewerkstelligt wurde. Stämme von Menschen wanderten über den ganzen Erdball. Dabei war Sprache einer der evolutionären Vorteile zum Überleben in der Natur. Schon beim Vergleich mit dem Neandertaler nimmt man an, dass der *homo sapiens sapiens* sich gerade auch durch eine bessere Sprachfähigkeit auszeichnete. Die ja eher kleinen Gruppen von Menschen hatten sicher wenig Kontakt mit anderen Gruppen. In den getrennten Gruppen entwickelten sich ganz verschiedene Sprachen. Dann stellt sich natürlich die Frage, wieso sich die Sprachen denn nicht einheitlich entwickelt haben?

Über diese Frage ist unendlich viel nachgedacht worden. Eine alle überzeugende Antwort hat bisher noch keiner gegeben, aber es lässt sich doch einiges zusammentragen, das einigermaßen plausibel ist. Ein früher Erklärungsversuch ist der biblische Mythos vom Turmbau zu Babel: Die Verschiedenheit der Sprachen ist eine Strafe Gottes. Herder hat in einem vorgeschichtlichen Stammes-Hass den Grund für die Verschiedenheit der Sprachen gesehen: Die alten Horden der Menschen hassten sich – aus Überlebensgründen und aus religiösen Gründen – und haben sich daher von den anderen sprachlich abgesetzt. Des weiteren hat man eine Prägung der Menschen durch verschiedene Umwelten angenommen. Das Klima und die politische Umwelt (gouvernement) formen nach Auffassung des französischen Philosophen Condillac (18. Jahrhundert) den Charakter eines Volkes und damit seine Sprache. Gestalten die verschiedenen Sprachgemeinschaften also aufgrund der sie umgebenden verschiedenen Realitäten die Sprachen verschieden? Hier kommen dann immer – nach einem berühmten Beispiel des amerikanischen Linguisten Boas – die Eskimos (oder besser Inuit) ins Spiel, die mehrere Wörter für den Schnee haben, weil sie doch in ihrer Umwelt aus Lebensnotwendigkeit mehrere verschiedene Sorten von Schnee unterscheiden müssen, nämlich fallenden, liegenden und wandernden, während wir, die wir uns nicht in derselben vitalen Notwendigkeit befinden, uns mit der allgemeinen Bezeichnung «Schnee» begnügen können. Dass die Welt Einfluss auf die Sprache – zumal auf den Wortschatz – hat, ist sicher nicht von der Hand zu weisen. Aber bei den anderen sprachlichen Kategorien ist das schon schwieriger zu zeigen: Dass manche Sprachen nicht nur einen Singular und einen Plural, sondern auch einen Dual, einen Zweiernumerus, unterscheiden, hat sicher damit zu tun, dass es in der Welt viele paarweise vorkommenden Gegenstände gibt. Aber warum macht die eine Sprache den Unterschied und die andere nicht? Welche Notwendigkeit in der Welt schafft die Unterscheidung zwischen einem aspektuellen und einem temporalen Verbsystem? Bei dem einen werden verschiedene Arten und Weisen des Ablaufs der bezeichneten Handlung unterschieden – die Handlung im Verlauf (imperfektiv), die Handlung als abgeschlossen (perfektiv) –, bei dem anderen wird die bezeichnete Handlung in Bezug auf den Moment des Sprechens eingeordnet: Vergangenheit – Gegenwart – Zukunft. Hier kann man sich einfach keine Determination durch die besonderen Umstände des Lebens der diese Sprache sprechenden Stämme plausibel ausdenken. Welche Lebensnotwendigkeit sollte die eine Sprachgemeinschaft zur zeitlichen Betrachtung der Verbalhandlung, welche zur aspektuellen Unterscheidung der Verbalhandlung zwingen?

Vielleicht ist auch die Frage einfach falsch gestellt, wenn man nur nach Bestimmungen von außerhalb des Menschen sucht? Warum sollte irgendetwas *in der Welt* den Menschen zu bestimmten Kategorisierungen zwingen? Sicher legt die Natur manches nahe, etwa den Unterschied zwischen weiblich und männlich, zwischen belebt und unbelebt, zwischen früher und jetzt. Aber sie hat keine Macht, den Menschen zu bestimmten geistigen Operationen zu zwingen. Denn der Natur oder der Welt steht auf der anderen Seite *der Mensch selbst* und seine geistige Kreativität gegenüber. Und diese Tatsache legt nahe, dass die verschiedenen sprachlichen Kategorisierungen, die verschiedenen lexikalischen Formungen der Welt und die Schaffung verschiedener lautlicher Einheiten sich mindestens ebensosehr der Natur des Menschen selbst, seiner Art und Weise des Denkens und Fühlens, verdanken. Der Dichter Dante, den ich ja schon einmal als wichtigen Sprachtheoretiker zitiert habe, hatte die geistige Individualität schon im 14. Jahrhundert als Hauptgrund für sprachliche Verschiedenheit genannt: Der Mensch sei einfach ein «sehr variables Tier», ein *variabilissimum animal*, ein Wesen mit einem individuellen Geist, wandelbar in Zeit und Raum und Gesellschaft.

Die verschiedenen sprachlichen Kategorisierungen verdanken sich also den verschiedenen «Blicken» der «variablen» Menschen auf die Welt. Der Mensch kann daher – nach ganz verschiedenen Perspektiven – ein und denselben Gegenstand als Hund, Tier, Haustier oder als Plage auffassen (Tomasello 2002: 19). Weil der Mensch aber auch von Anderen verstanden werden will, bringt er in der Sprache sozusagen eine *gemeinsame Individualität* zum Ausdruck. Er will mit seiner Gruppe sprechen. Und in dieser Gruppe bildet sich so etwas wie eine «Kollektiv-Individualität» aus. Die Aufgabe der Bildung von konkreten sprachlichen Elementen für die Durchführung der Handlung «Sprechen» ist für alle Menschen dieselbe, um wieder einmal mit Humboldt zu sprechen. Aber diese Aufgabe wird offensichtlich so angepackt, dass die Menschen sie mit den Anderen zusammen lösen, und das heißt nach einer gemeinsamen Individualität oder – anders gesagt – nach der *Besonderheit* einer Gruppe, einer Sprach-Gemeinschaft.

3.2. Wie viele Sprachen? Die Individualität der einzelnen Menschen und die Besonderheit der Gemeinschaften von Menschen haben zur Folge, dass die menschliche Sprache sich in außerordentlicher Vielfalt ausgeprägt hat. Es gibt heute noch – doch die Schätzungen gehen weit auseinander – ungefähr 6000 verschiedene Sprachen auf der Erde, und wir können annehmen, dass es in der Vergangenheit noch viel mehr gab. Die allgemeine Ausbildung immer größerer gesellschaftlicher Zusammenhänge in der modernen Welt bewirkt, dass kleine Sprachgemeinschaften ihre Sprachen immer rascher aufgeben. Schätzungen gehen davon aus, dass es am Ende dieses Jahrhunderts nur noch 500 bis 700 Sprachen auf dem Globus geben wird (Crystal 2000: 18).

Diese Zahlenangaben sind problematisch, weil es sehr schwer ist, Sprachen zu zählen. Das hat damit zu tun, dass Sprachen niemals so völlig voneinander verschieden sind, als dass man ganz genaue Sprachgrenzen ziehen und die jeweilige Sprache als zählbare Einheit verbuchen könnte. Vielleicht gehen ja alle Sprachen auf eine einzige Ur-Sprache aller Menschen zurück (wir wissen das nicht)? Zumindest haben sie schon deswegen viel gemeinsam, weil die Sprachfähigkeit etwas Angeborenes ist und weil die verschiedenen Sprachen dasselbe Problem lösen. Auf jeden Fall aber beeinflussen sich Sprachen, die auf demselben Territorium oder auf benachbarten Territorien gesprochen werden. Sprachen haben oft «gleitende» Grenzen, die auf historischen «Verwandtschaftsbeziehungen» beruhen. So ist etwa die Grenze zwischen dem deutschen und dem französischen Sprachgebiet einigermaßen klar: Im Dorf auf der einen Seite der Sprach-Grenze (die nur höchst selten mit der politischen Grenze übereinstimmt) wird Französisch gesprochen, im Dorf auf der anderen Seite Deutsch. Die beiden Sprachen sind gegenseitig fast völlig unverständlich. Die eine Sprache ist eine romanische Sprache, d.h. sie geht auf das Lateinische zurück, die andere eine germanische Sprache. Wenn wir nun aber innerhalb des romanischen Sprachgebiets von seiner Nordgrenze in Belgien aus nach Süden bis nach Sizilien oder Andalusien von Dorf zu Dorf reisen, so wird man nirgendwo eine solche scharfe Sprachgrenze finden wie die zwischen Deutsch und Französisch. Zumindest war das noch so vor hundert Jahren, als die lokalen dörflichen Sprachen noch existierten. Dieses Sprachgebiet ist ein Kontinuum, in dem sich die gesprochene (romanische) Sprache sozusagen von Dorf zu Dorf allmählich verändert. Wenn allerdings ein Belgier mit einem Sizilianer spricht, verstehen sie einander nicht. Dieses Sprachkontinuum befindet sich auf jenem Gebiet des alten Römischen Reiches, dessen Völker in einem Jahrhunderte dauernden Prozess die Sprache der Sieger, Latein, übernommen haben (das ist nicht überall geschehen: Im Osten des Reiches herrschte das Griechische unangefochten weiter). Es ist gesprochenes Latein, das verschiedene Völker zu verschiedenen Zeiten gelernt haben und das sich dann – wie es Sprachen tun – über die Jahrhunderte kontinuierlich verändert hat. Dennoch wird die Sprache dieses Sprachgebiets heute nicht mehr als *eine* Sprache betrachtet – und entsprechend als eine Sprache gezählt. Romanisten unterscheiden zumindest neun romanische Sprachen, von Norden nach Süden: Französisch, Okzitanisch, Katalanisch, Spanisch (Kastilisch), Portugiesisch, Rätoromanisch, Italienisch, Sardisch, Rumänisch. Diese Unterscheidung und Zählung, die natürlich nicht den Selbstzuschreibungen aller Sprecher gerecht wird (so sagen etwa die Korsen, dass ihre Sprache – linguistisch ein toskanischer Dialekt – eine Sprache für sich sei), hängt von verschiedenen kulturellen und politischen Faktoren ab. Dass zum Beispiel das Okzitanische – jedenfalls von Romanisten – gezählt wird, obwohl diese Sprache nicht mehr wirklich die Sprache des Südens Frankreichs ist, wo man eher ein okzitanisch beeinflusstes Französisch spricht, hängt damit zusammen, dass diese Sprache eine berühmte mittelalterliche und eine interessante moderne Literatur hatte und dass Sprachaktivisten diese Sprache lebendig zu halten versuchen.

Wieso aber identifizieren und zählen wir diese Sprachen so? Natürlich war schon das gesprochene Lateinisch in dem großen

Römischen Reich lokal und sozial differenziert. Das Lateinische in Gallien war Lateinisch in Keltenmund, später auch in Germanenmund, das Latein in Dakien (heute Rumänien) war volkstümliches italisches Latein, weil dort Soldaten aus Italien angesiedelt wurden. Aber diese unterschiedlichen Varianten des Lateinischen wurden, nach allem was wir wissen, noch jahrhundertelang von ihren Sprechern als Latein identifiziert. Dieses gesprochene Latein veränderte sich nun aber mit der Zeit so sehr, dass die Sprecher – oder besser noch: die Schreiber – schließlich nicht mehr übersehen konnten, dass diese Sprache nicht mehr dieselbe war wie diejenige, die sie in den alten Schriften lesen konnten. Priester, die zum Volke sprechen und von ihm verstanden werden wollten, bemerkten, dass sie nicht mehr in der Sprache der geschriebenen lateinischen Texte zum Volk sprechen konnten, sondern in einer Sprache, die sich von dieser geschriebenen Sprache erheblich unterschied: *lingua romana rustica*, «bäurische römische Sprache», hieß diese zunächst. Diese Sprache des Volkes (Vulgare) war aber in den verschiedenen Teilen des ehemaligen Römischen Reiches unterschiedlich. Das bemerkten die Sprecher bzw. Schreiber aber wieder erst ein paar hundert Jahre später. Die berühmte erste Klassifikation der romanischen Sprachen stammt von Dante, der *drei* romanische Volkssprachen unterschied, die *lingua di si* (Italienisch), die *lingua d'oïl* (Französisch) und die *lingua d'oc* (Okzitanisch). Die Wahrnehmung dieser Differenzierungen der «Volkssprache» wird bei Dante an den verschiedenen Wörtern für «Ja» festgemacht (*si, oïl, oc*), sie hängt von der Existenz literarischer Texte ab, deren Sprachen sich nun deutlich unterscheiden. Es geht also um drei Schrift-Sprachen. Zur weiteren Ausdifferenzierung der romanischen Schrift-Sprachen tragen dann auch politische Ereignisse bei: Dass die drei iberischen Sprachen Portugiesisch, Kastilisch und Katalanisch so deutlich als unterschieden wahrgenommen werden, hat neben den linguistischen Entwicklungen auch komplizierte politische und kulturelle Gründe, zu denen die Tatsache gehört, dass Portugal, Kastilien und Aragon drei verschiedene Königreiche waren. Dass das sprachlich extrem zerklüftete Italien umgekehrt als *eine* Sprache habend angesehen wird, hängt mit der kulturellen und staatlichen Entwicklung dieses Landes zusammen, bei der die klassische Literatursprache des Mittelalters dialektübergreifend die sprachliche Einheit Italiens hergestellt hat. Dass Sardisch als eigene romanische Sprache gilt, ist neben der Insellage Sardiniens auch ein Effekt der Sprachwissenschaft, die auf die großen strukturellen Differenzen zum Italienischen hingewiesen hat, die es verbieten, das Sardische einfach als italienischen Dialekt zu klassifizieren. Es ist also ein ganz disparater Strauß von Kriterien, die eine Sprache als eine Sprache «zählbar» machen.

Die gegenseitige Verständlichkeit oder Unverständlichkeit ist jedenfalls kein klares Kriterium für Differenzierung und Zählbarkeit einer Sprache: So können sich Italiener und Spanier in einem gewissen Maße durchaus gegenseitig verstehen (wenn sie langsam sprechen), dennoch gelten Italienisch und Spanisch als unterschiedliche Sprachen. Umgekehrt wird das Schweizerdeutsche, obwohl es für einen Sprecher der deutschen Standardsprache eher unverständlich ist, oft nicht als vom Deutschen verschiedene Sprache geführt, weil die Schweizer wie die anderen Sprecher deutscher Dialekte die deutsche Schriftsprache als *Koinè* («gemeinsame Sprache», wie man das unter Rückgriff auf die gemeinsame Sprache der Griechen in der Antike nennt) verwenden.

Wie verschieden man Sprachen zählen kann, lehrt ein Blick in die hierfür international zuständige, leider nicht sehr professionelle Internet-Seite www.ethnologue.com, die eine extrem partikularistische Sicht auf die Sprachen der Welt wirft, offensichtlich allen möglichen regionalistischen oder gar separatistischen Sprachaktivisten folgt und deren Sprachbeschreibungen übernimmt – und daher auch 7000 und mehr Sprachen zählt.

3.3. Sprachfamilien In den vorangegangenen Überlegungen ist schon angedeutet worden, dass Sprachen zu größeren Gruppen zusammengeführt werden können, wenn man aufgrund bestimmter evidenter oder nicht so evidenter Ähnlichkeiten davon ausgehen kann, dass diese Sprachen «verwandt» sind, also gemeinsame «Vorfahren» haben. Man nennt dies *Sprach-Fami-*

lien. Im Falle der romanischen Sprachen ist die verwandtschaftliche Beziehung offensichtlich: Es ist völlig klar und tausendfach belegt, dass diese Sprachen aus dem Lateinischen hervorgegangen sind. Sie sind Latein, das sich im Laufe der Jahrhunderte immer mehr ausdifferenziert hat. Die romanischen Sprachen ihrerseits gehören wieder zu einer größeren Familie, den indoeuropäischen Sprachen, zu denen auch Griechisch und die germanischen, keltischen, slavischen, baltischen und iranoindischen Sprachen gehören. Bei ihnen nimmt man aufgrund bestimmter Übereinstimmungen im Lexikon und in der Grammatik an, dass sie gemeinsame «Vorfahren» gehabt haben. Allerdings ist diese Ur-Sprache nicht dokumentiert wie das Lateinische, sondern nur eine – plausible – wissenschaftliche Annahme. Wo und wann diese Sprache genau existiert hat, ist eine umstrittene Frage, aber die Ähnlichkeiten zwischen den Sprachen, die eine solche verwandtschaftliche Beziehung nahelegen, sind durchaus hinreichend belegt. Inzwischen gehen kühne Rekonstruktionen sogar so weit, noch tiefere verwandtschaftliche Beziehungen zwischen großen Sprachfamilien zu vermuten und ein «Nostratisch» oder «Eurasiatisch» anzunehmen, ja die Rekonstruktionen gehen bis zu einer Ur-Weltsprache (Proto-World). Die folgende Karte gibt einen groben Überblick über die Sprach-Familien der Welt (aus Haarmann 2001).

3.4. *Verschiedenheit und Ähnlichkeit* Wir waren ausgegangen von der Bemerkung, dass die Menschheit die Sprachen in großer Verschiedenheit ausgeprägt hat, dass – wie ich glaube – die Individualität der menschlichen geistigen Aktivität, die sich in der Partikularität der Gruppe sozusagen auf höherer Ebene wiederfindet, vor allem verantwortlich ist für die Vielfalt der menschlichen Sprachen, von denen wir heute noch einige Tausend zählen. Aber wie verschieden sind Sprachen eigentlich? Jeder Sprecher erfährt im täglichen Umgang mit dem Antworter, dass der Andere selbst dann anders spricht, wenn er dieselbe Sprache spricht. Schon die Stimme des Anderen klingt anders, sein Temperament erzeugt einen von meinem völlig unterschiedlichen Sprach-Rhythmus, er verwendet Wörter, die ich niemals

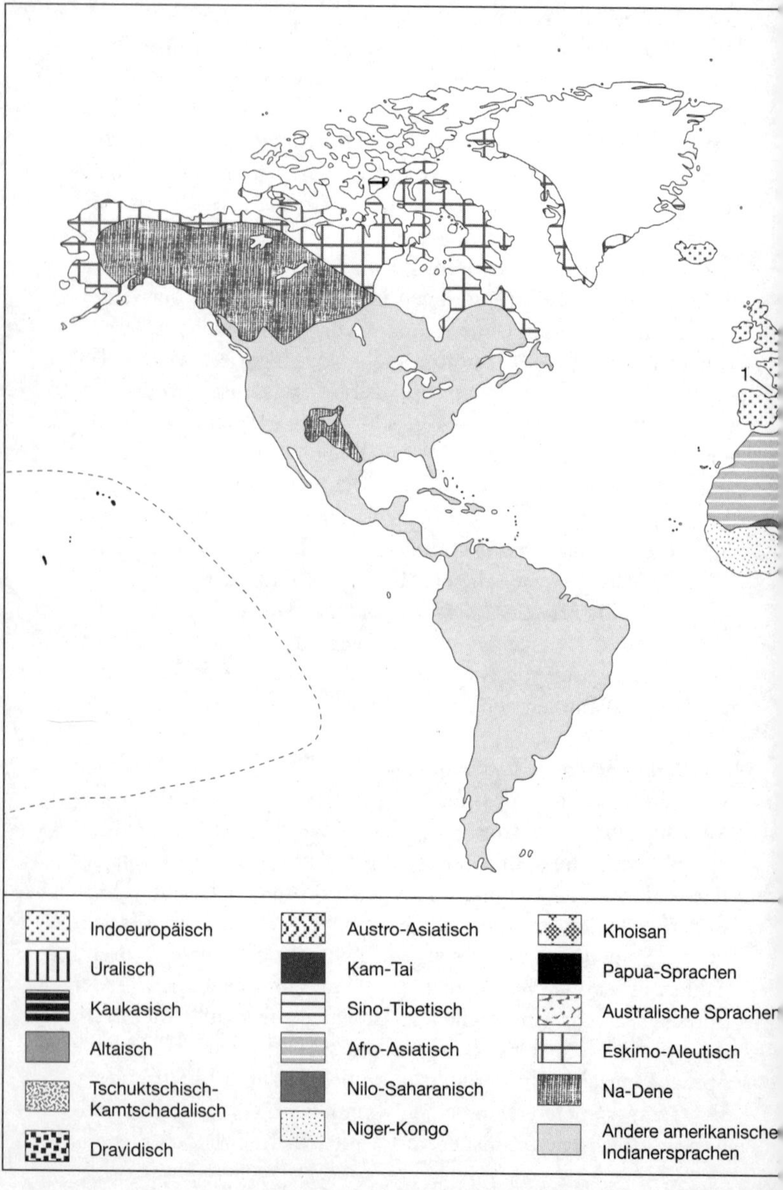

3. Sprachen

	Indoeuropäisch		Austro-Asiatisch		Khoisan
	Uralisch		Kam-Tai		Papua-Sprachen
	Kaukasisch		Sino-Tibetisch		Australische Sprachen
	Altaisch		Afro-Asiatisch		Eskimo-Aleutisch
	Tschuktschisch-Kamtschadalisch		Nilo-Saharanisch		Na-Dene
	Dravidisch		Niger-Kongo		Andere amerikanische Indianersprachen

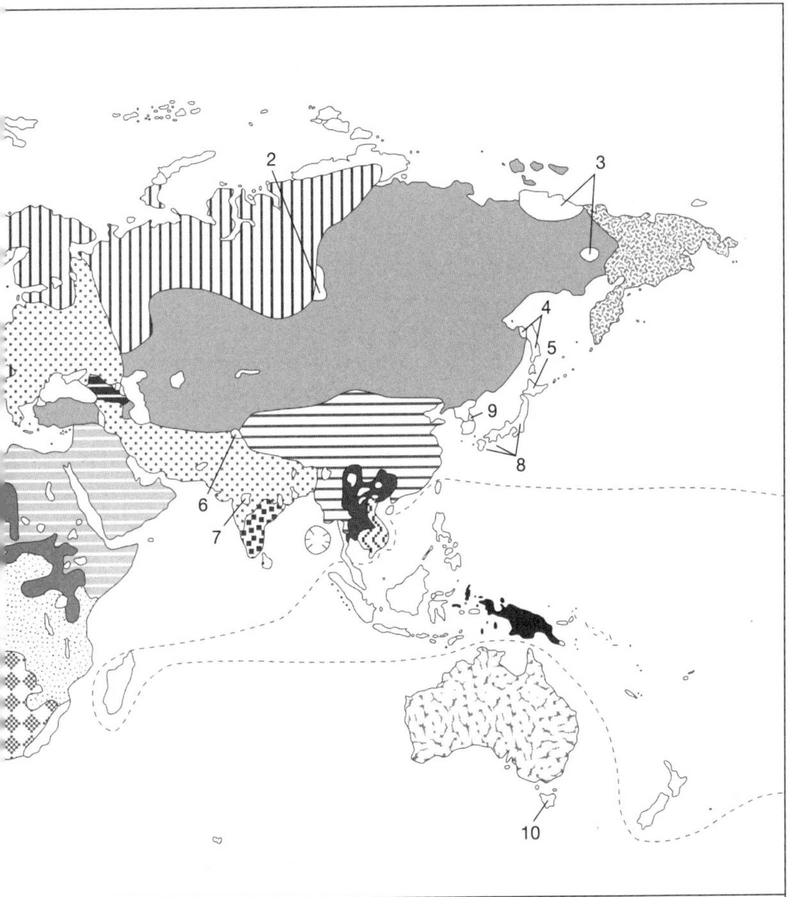

Verschiedenheit und Ähnlichkeit

1	Baskisch	6	Burushaski	Inseln
2	Ketisch	7	Nahali	Andamanisch
3	Jukagirisch	8	Japanisch	Austronesisch
4	Nivchisch (Giljakisch)	9	Koreanisch	
5	Ainu	10	Tasmanisch	

verwenden würde, seine Sprache verrät oft seine regionale und soziale Herkunft, manchmal kenne ich tatsächlich ein Wort gar nicht, das ich mir dann erklären lassen muss: «Was sind noch einmal Paradeiser?» Dennoch: Wir verstehen uns und sprechen eine gemeinsame Sprache.

Das ist natürlich anders, wenn der Andere Französisch spricht. Wenn ich diese Sprache nicht kann, werde ich vielleicht aus den Äußerungen des Anderen – wenn ich Glück habe – ein paar Wörter verstehen, ansonsten ist aber alles anders: «Monsieur, est-ce que vous savez où je pourrais trouver le professeur Müller». Ich verstehe bei einigem Glück «Monsieur» und «le professeur Müller». Falls der Andere aber gesagt hätte: «Longtemps, je me suis couché de bonne heure. Parfois, à peine ma bougie éteinte, mes yeux se fermaient si vite que je n'avais pas le temps de me dire: Je m'endors», hätte ich von meiner Kenntnis des Deutschen her keine Chance, irgendetwas zu verstehen. Auch die Tatsache, dass das Französische als romanische Sprache eine indoeuropäische Sprache wie das Deutsche ist, tröstet mich nicht wirklich. Es nützt mir nicht viel, dass z. B. *long*, der erste Teil von *longtemps*, mit meinem deutschen Wort *lang* eine jahrtausendealte Verwandtschaft verbindet und dass auch *je* und *ich*, *heure* und *Uhr*, *peine* und *Pein*, *yeux* und *Auge* sozusagen dieselben Wörter sind. Die genannten deutsch-französischen Wortpaare haben alle irgendwo in der Vergangenheit einen gemeinsamen Vorfahr. Aber viel ist zumeist nicht übriggeblieben von der gemeinsamen Vorgängerform: l + Vokal + Nasalität bei *long* und *lang* (idg. *dlongh*), nichts bei *je* und *ich* (idg. *egom*), r bei *heure* und *Uhr* (lat. *hora*), fast alles allerdings bei *peine* und *Pein* (lat. *poena*), nichts bei *yeux* und *Auge* (idg. *okw*). Man muss also schon ein Sprachwissenschaftler sein, um diese Ähnlichkeiten zu erkennen.

Daher ist es auch nicht falsch zu sagen, dass prinzipiell alles anders ist in der anderen Sprache: Die Laute sind anders (im Deutschen haben wir keine Nasalvokale, kein ž, keinen Diphtong *wa*). Die Wörter sind anders: *se coucher* «sich hinlegen», *de bonne heure* «früh», *bougie* «Kerze», *vite* «schnell» etc. Die Grammatik ist anders: Im vorliegenden Beispiel haben wir bei den Tempora der Verben die Opposition von «passé composé» (*je me suis couché*) und «imparfait» (*fermaient, avais*), die nicht mit der deutschen Opposition von Perfekt und Imperfekt identisch ist und mit der hier im übrigen auch noch raffiniert stilistisch gespielt wird (man würde eigentlich nach *longtemps* und am Anfang eines Romans ein imparfait erwarten: *longtemps, je me couchais de bonne heure*). Das Französische verteilt die Verbalformen – nach der Interpretation dieser Verbaltempora von Harald Weinrich (1971) – anders als das Deutsche auf die Funktionen des Besprechens und des Erzählens: Das passé composé ist wie das deutsche Perfekt ein Tempus des Besprechens (und der Rückschau). Für das Erzählen aber hat das Französische zwei Tempora und nicht nur eines wie das Deutsche: passé simple und imparfait. Das imparfait malt beim Erzählen den «Hintergrund» gegenüber dem sog. passé simple, das die Verbalhandlung auf dem «Vordergrund» der Erzählung erscheinen lässt.

Ich habe ausdrücklich Beispiele aus einer nah verwandten Sprache gewählt, um zu zeigen, dass die Verschiedenheit auch schon in nah verwandten Sprachen tief ist und alle Ebenen der sprachlichen Gestaltung – Laute, Wortschatz, Grammatik – betrifft. Wenn wir nun ein Beispiel aus anderen, nicht verwandten Sprachen wählen, so kann sich die Verschiedenheit gleichsam vertiefen, weil andere sprachliche Strukturen erscheinen, die wir in unseren indoeuropäischen Sprachen nicht haben. In einer kaukasischen Sprache, die überhaupt nicht mit den indogermanischen Sprachen verwandt ist, im Lesgischen (Haspelmath 1993), fallen sofort ganz merkwürdige Laute auf: ejektive Konsonanten. Die Phonetik beschreibt diese Laute folgendermaßen: «Ejektive werden gebildet, indem gleichzeitig mit dem oralen Verschluss auch der sich absenkende Kehlkopf durch die Glottis verschlossen wird und zum Zeitpunkt der Verschlusslösung der glottal noch verschlossene Kehlkopf abrupt gehoben wird» (Pompino-Marschall 2003: 209 f.). Auch die phonetische Beschreibung dieser Laute wirkt einigermaßen überraschend. Außerdem finden wir in dieser Sprache einen in vielen Sprachen der Welt – aber gerade nicht in den indoeuropäischen Sprache –

verbreiteten morphosyntaktischen Zug – die sogenannte Ergativität: Sie besteht darin, dass der Handelnde – genauer: das Subjekt eines transitiven Satzes – morphologisch markiert ist, die anderen Aktanten eines Satzes aber nicht, also nicht der intransitiv Handelnde und die Objekte: Während wir z. B. im Lateinischen Markierungen in allen Funktionen haben (*-us* für Subjekt, *-em* für Objekt): *amicus amat canem*, hätten wir bei Ergativität so etwas wie: *amicus amat can-* (nicht: *can-em*), oder bei mehreren Objekten: *amicus dat can- pan-* (nicht: *can-i pan-em*). Wenn der Freund aber schläft, also eine intransitive Handlung ausführt, hätten wir *amic- dormit*, also keine Markierung des Handelnden. Was den Wortschatz angeht, so haben wir im Lesgischen tatsächlich wohl kaum Wörter des Kernwortschatzes, die mit indoeuropäischen Wörtern verbunden sind, das heißt wir finden – anders als beim Vergleich zwischen Deutsch und Französisch – kaum Wörter, die irgendwo in der Vergangenheit einen gemeinsamen Vorfahren haben wie *yeux* und *Augen*, wie *ich* und *je*.

Grob gesagt kann man also feststellen, dass die Verschiedenheit der Sprachen viel dramatischer ausfällt, wenn diese nicht miteinander verwandt sind. Eine gemeinsame Herkunft gibt den verschiedenen Sprachen dagegen gemeinsame Züge. Dennoch können auch Sprachen ganz verschiedener Herkunft im Verlaufe der Geschichte gemeinsame Züge erwerben. Wenn verschiedene Sprachen lange und nachhaltig dem Ausdruck einer gemeinsamen Kultur dienen, konvergieren sie über die Grenzen von Sprachfamilien hinweg. So hat man etwa in der Vergangenheit in den Sprachen des Balkans – Albanisch, Rumänisch, Bulgarisch, Mazedonisch, Serbisch, Griechisch – bestimmte konvergierende sprachliche Züge festgestellt, die auf eine gemeinsame Beeinflussung durch die türkische Sprache und Kultur hinweisen. Man spricht in diesem Fall von einem *Sprachbund*. Der jahrtausendelange Einfluss der orthodoxen Kirche einerseits und der katholischen Kirche andererseits auf verschiedene Sprachgemeinschaften hat offensichtlich sprachliche Konvergenzen in den Sprachen über ihre verwandtschaftlichen Beziehungen hinweg bewirkt. Die Konvergenzen der Sprachen

Europas zu einem europäischen Sprachbund durch jahrhundertelangen kulturellen Austausch und Sprachkontakt sind heute eines der faszinierendsten Untersuchungsfelder sprachwissenschaftlicher Forschung (Heine/Kuteva 2006).

3.5. Sprachvergleich Mit diesen Bemerkungen zu sprachlichen Ähnlichkeiten über die verwandtschaftlichen Ähnlichkeiten hinaus sind wir beim Unternehmen der *sprachwissenschaftlichen* Betrachtung angekommen: Einerseits *beschreibt* die Sprachwissenschaft einzelne Sprachen, prinzipiell hat sie sich zur Aufgabe gemacht, alle Sprachen der Welt zu beschreiben, also Wörterbücher und Grammatiken aller Sprachen zu schaffen. Dies ist das Projekt, mit dem die große Vielfalt der Sprachen unter Beweis gestellt wird. Wenn wir tatsächlich Grammatiken und Wörterbücher aller 6000 Sprachen der Welt hätten, wäre dies eine Galerie von 6000 Individuen, ein Fest der Verschiedenheit und der Individualität und eine Dokumentation dessen, was Leibniz «die wunderbare Vielfalt der Operationen des menschlichen Geistes» genannt hat.

Andererseits aber geht die Sprachwissenschaft genau der Frage nach, die wir uns hier auch gestellt haben, nämlich wie verschieden die Sprachen der Welt denn nun sind. Sie *vergleicht* die verschiedenen Sprachen. Neben der Deskription der Individuen ist der Vergleich die Hauptaufgabe der Sprachwissenschaft. In Wirklichkeit geht natürlich keines ohne das andere: Ich kann ein Individuum nur schwer beschreiben, wenn ich es nicht mit anderen vergleiche, und ich kann keinen Vergleich anstellen, wenn ich nicht möglichst viele Individuen kenne. Durch Vergleich hatte die Sprachwissenschaft festgestellt, dass bestimmte Sprachen viele gemeinsame Züge haben, weil sie in der Vergangenheit enger zusammengehörten, ja vielleicht sogar ein und dieselbe Sprache waren, wie die romanischen Sprachen, die nichts anderes sind als auseinanderdriftendes Latein. Bei dieser *historisch-vergleichenden* Betrachtung standen Wortschatz und grammatische Formen (Morphologie) im Vordergrund. Die Entdeckung der Übereinstimmung von Wörtern – *Mutter, mater, mother* – und dann auch der Morphologie in europäischen und in weit von Europa entfernten Sprachen war der Ausgangspunkt für die Entdeckung der Verwandtschaft der indoeuropäischen Sprachen. Der Vergleich zielte also auf eine *Genealogie* der Sprachen. Sprachfamilien und Zweige von Sprachfamilien reduzieren die Komplexität der Verschiedenheit. Allerdings stellt die Sprachwissenschaft dann gleichzeitig auch fest, dass bestimmte Sprachen deutlich anders sind, weil sie zu einer anderen Sprachfamilie gehören. Dass Ungarisch, obwohl es mitten in Europa gesprochen wird, so völlig anders ist als die es umgebenden Sprachen – Deutsch, Slovakisch, Serbo-Kroatisch, Rumänisch, Ukrainisch –, ist eben der Tatsache geschuldet, dass es nicht zur indoeuropäischen Sprachfamilie gehört. Die Ungarn sind die letzten Ankömmlinge der Völkerwanderung in Europa, und sie gehörten einer völlig anderen Sprachgruppe an, die mit den Indo-Europäern nichts zu tun hatte. Umgekehrt ist das Baskische am westlichen Rand Europas Überbleibsel einer Sprache, die in Europa gesprochen wurde, bevor die Indo-Europäer den Kontinent bevölkerten.

Des weiteren aber sucht die Sprachwissenschaft auch nach gemeinsamen Zügen jenseits der verwandtschaftlichen Beziehungen in der Vergangenheit. Dies ist die Aufgabe der sogenannten *Sprach-Typologie*. Auch sie versucht, die Komplexität der Verschiedenheit zu reduzieren. Sie nimmt dabei keine Rücksicht auf verwandtschaftliche Beziehungen. Sie stellt fest, in welchen Sprachen der Welt es welche Strukturen gibt, zum Beispiel welche Sprachen Genera – und wenn ja wie viele – haben, wo es gerundete Palatal-Vokale (ü, ö) gibt, wie Subjekt, Verb und Objekt im Satz stehen (SVO, SOV oder anders) usw. Der Schwerpunkt dieses Vergleichs liegt naturgemäß nicht auf dem Wortschatz und der Morphologie – nicht verwandte Sprachen haben ja gerade keinen gemeinsamen Kern-Wortschatz –, sondern auf dem Vergleich phonologischer Eigenschaften, grammatischer Kategorien und syntaktischer Züge. Ein hinreißendes Dokument dieser Untersuchungen ist der Weltatlas der Sprachstrukturen (Haspelmath u.a. Hrsg. 2005), den man nunmehr im Internet auch kostenlos konsultieren kann: www.wals.info.

Aus den vergleichenden typologischen Untersuchungen geht hervor, dass man sich die Sprachen der Welt auch nicht grenzenlos verschieden vorstellen darf. Es gibt, soweit ich sehe, zwar die sehr merkwürdigen Schnalzlaute in afrikanischen Sprachen oder auch die erwähnten Ejektive. Diese Laute sind schon eher selten und exzentrisch. Es gibt aber z. B. keine «Nasenlaute», etwa dergestalt, dass das Ausstoßen des Luftstroms durch die Nase ein Phonem wäre. Es gibt beim Numerus zwar Singular, Dual, Plural, Trial, aber wohl keine Sprache hat einen «Septal», einen Sieben-Numerus. Also: Die sprachliche Phantasie der Völker ist zwar gewaltig, es gibt kuriose sprachliche Kategorien und Formen, sie hat aber offensichtlich Grenzen, die der typologische Vergleich aller Sprachen der Welt immer deutlicher herausgearbeitet hat.

Bei diesem Vergleich aller Sprachen kommen dann schließlich auch Züge zum Vorschein, die *allen* Sprachen gemeinsam sind. Diese nennt man sprachliche *Universalien*. Dabei kann man zwei Arten unterscheiden: wesentliche und empirische (Coseriu 1975). Die «wesentlichen» Universalien sind solche Eigenschaften, die das Sprachliche überhaupt betreffen und ohne die das, was uns hier beschäftigt, keine Sprache wäre: So ist es z. B. einfach ein definitorischer Wesenszug von Sprache, dass sie zweifach gegliedert ist. Dieses Strukturprinzip ist, wie wir gesehen haben, die geniale Erfindung des Menschengeschlechts überhaupt: Es konstituiert Sprachlichkeit. Deswegen sind alle Sprachen notwendigerweise doppelt gegliedert. Ausdrucksformen, die nicht doppelt gegliedert sind, sind einfach keine Sprachen. Sie mögen wunderbare kulturelle Erfindungen sein, Sprache sind sie nicht. Bilder z. B. sind nicht doppelt gegliedert: Das Materielle und das Inhaltliche sind strukturell identisch. Musik ist nicht doppelt gegliedert, sie ist sicher (oft) artikuliert, aber sie hat keine Semantik im Sinne der Sprache. «Empirische» Universalien sind solche Züge, die man (bisher) in allen Sprachen gefunden hat: So haben z. B. alle (bisher) bekannten Sprachen Konsonanten und Vokale. Die Dualität von Konsonantismus und Vokalismus ist aber keine definitorische Eigenschaft von Sprache überhaupt. Anscheinend findet man auch Nomen und Verben oder besser: Nominalität und Verbalität in allen Sprachen.

3.6. Ist Verschiedenheit gut oder schlecht?

Kehren wir noch einmal zu unserer Feststellung zurück, dass der menschliche Geist die Sprachen in großer Verschiedenheit schafft – wenn auch nicht in beliebiger Phantastik, wie die vergleichende Sprachwissenschaft nun in hinreichender Deutlichkeit festgestellt hat. Die Sprachen sind – trotz aller universellen Gemeinsamkeiten, trotz aller verwandtschaftlichen Übereinstimmungen und trotz aller typologischen Ähnlichkeiten – verschieden. Und ihre Verschiedenheit ist nach wie vor riesig. Die Frage, die sich die Menschen wohl immer gestellt haben, ist, ob dies nun gut ist oder schlecht. Im Grunde sind beide Antworten möglich. In unserer Kultur ist die Antwort auf die Erfahrung sprachlicher Verschiedenheit erst einmal eine negative gewesen: Sprachliche Verschiedenheit ist schrecklich, sie ist eine Strafe. Der schon erwähnte Babel-Mythos der Bibel stellt die Erfahrung sprachlicher Verschiedenheit als Katastrophe dar. Gott «verwirrt» die einheitliche Ursprache, um die Menschen zu bestrafen und um universelle Kommunikation zu verhindern: Sprachliche Verschiedenheit ist also nicht gut, weil sich dadurch die Menschen nicht mehr verstehen können. Eine solche Antwort ist völlig verständlich, weil das Sprechen ja der Kommunikation zwischen Menschen dienen soll. Alles was das Miteinandersein und Miteinander-Kooperieren erschwert, ist nicht gut und sozusagen gegen die Hauptintention des sprachlichen Handelns gerichtet.

Andererseits aber kann man sagen, dass die Verschiedenheit der Sprachen etwas Wunderbares ist, weil das Sprechen ja nicht nur «Kommunikation», sondern auch «Darstellung» der Welt ist. Gerade diese, die semantisch-kognitive Dimension der Sprache, haben wir als das spezifisch Menschliche des Sprechens herausgestellt. Die Aufgabe der Sprachbildung liegt demnach nicht einfach in der Schaffung einheitlicher Voraussetzungen für reibungslose Kommunikation, sondern in der semantischen Erfassung der Welt oder, wie man ja auch sagen kann: in der Fassung der Welt in Gedanken. Und in dieser Hinsicht kann man gerade meinen, dass es am besten sei, wenn die Welt so vielfältig wie nur irgend möglich gedacht wird. Genau dies tun die vielen Sprachen. Jede Sprache gewinnt der Welt neue Aspekte ab, die eine andere Sprache nicht «sieht» oder nicht «denkt». Betrachten wir nur noch einmal das Beispiel des schon zitierten französischen Satzes, der übrigens der Anfang von Marcel Prousts *Suche nach der verlorenen Zeit* ist:

Longtemps, je me suis couché de bonne heure. Parfois, à peine ma bougie éteinte, mes yeux se fermaient si vite que je n'avais pas le temps de me dire: Je m'endors.

Lange Zeit bin ich früh ins Bett gegangen. Manchmal schlossen sich meine Augen, kaum dass meine Kerze erloschen war, so schnell, dass ich nicht einmal die Zeit hatte, mir zu sagen: Ich schlafe ein.

Ich habe das hier einmal selbst ins Deutsche übersetzt, um mich nicht zusätzlich noch mit einem anderen Übersetzer und dessen sprachlichen Kreationen auseinandersetzen zu müssen. Beim Vergleich von Übersetzungen springen die Differenzen zwischen den Sprachen – auch so nah verwandten wie dem Deutschen und dem Französischen – in die Augen: *se coucher* ist etwas anderes als «ins Bett gehen», das Bett wird im Französischen nicht erwähnt. Der Gegensatz von Perfekt und Imperfekt, den die deutsche Übersetzung macht (*ich bin ins Bett gegangen* vs. *schlossen*), funktioniert, wie wir schon angedeutet haben, anders als die Opposition von passé composé (*je me suis couché*) und imparfait (*se fermaient*) im Französischen. Im Französischen ist nämlich noch ein dritter Mitspieler im Bunde, das passé simple, das erst viele Seiten später auftritt: «Ils *firent* quelques pas dans le parc» («Sie machten ein paar Schritte im Park») (S. 19) (wobei ich ein weiteres, davor auftretendes passé simple einmal überspringe). Nach Weinrichs Tempus-Interpretation wäre erst an dieser Stelle der Vordergrund des «Erzählens» eröffnet. Bis dahin stehen die meisten Verbalhandlungen – außer einigen wenigen Passagen in «besprechenden» Tempora – im imparfait, d.h. im Hintergrund des Erzählens. Im Deutschen kann der Unterschied zwischen Vordergrund und Hintergrund des Erzählens nicht mit Temporalformen markiert werden. Weiterhin: Im Deutschen muss die Partizipialkonstruktion – *à peine ma bougie éteinte* – mit einem Nebensatz wiedergegeben werden. *Einschlafen* – eine schöne Vorstellung des in den Schlaf Hineingleitens – ist im Französischen zusätzlich noch reflexiv, *s'endormir*, sozusagen «sich einschlafen», was den Prozess gleichsam noch einmal ins Ich des Einschlafenden einschließt. Ich habe des weiteren die Abtönungspartikel *einmal* eingefügt, weil das Deutsche die Modalität des Geschehens ausdrücklicher und farbiger markieren muss, ein ganz entscheidendes Charakteristikum des Deutschen.

Die Einsicht in die Sprachen als Arten und Weisen, wie uns die Welt gegeben ist, ist eine in der europäischen Geistesgeschichte späte Einsicht. Dass Sprachen auch verschiedenes «Denken» enthalten, begreift das europäische Denken allmählich erst seit dem 16. Jahrhundert, als das Latein als allgemeine Gelehrten-, Kirchen- und Verwaltungssprache zugunsten der verschiedenen Volkssprachen aufgegeben wird und somit die sprachliche Verschiedenheit Europas erfahrbar wird (Trabant 2006). Hinzu kommt dann, dass die Europäer in ihrer kolonialen Ausbreitung mit Menschen in Kontakt treten, die tatsächlich völlig verschiedene Sprachen sprechen. Zunächst wird diese Erfahrung als eine zusätzliche Verschärfung der Strafe von Babel erfahren: Die Menschen verwenden nicht nur verschiedene Töne, um dasselbe zu sagen, nein, sie *denken* auch noch anders in ihren verschiedenen Sprachen, sie sagen also gar nicht dasselbe! Das macht die Verständigung über die Sprachgrenzen hinweg nun anscheinend gänzlich unmöglich. Dass das «verschiedene Denken» in den Sprachen etwas Großartiges sein könnte, nämlich die schon erwähnte wunderbare Vielfalt des menschlichen Geistes, das sagt der Philosoph Leibniz erst zu Beginn des 18. Jahrhunderts. Leibniz fordert die Gelehrten dann auch auf, alle Sprachen der Welt zu studieren. Denker wie Herder und Humboldt führen dies fort. Humboldt gründet sein Projekt eines vergleichenden Studiums aller Sprachen der Welt gerade auf dieser Einsicht. Er feiert wie kein anderer Linguist vor ihm die Verschiedenheit der menschlichen Sprachen als einen Reichtum des Denkens, weil jede Sprache, wie er sagt, etwas Neues an der Welt entdeckt. Leibniz ist es im übrigen, der den rettenden Gedanken fasst, wie man denn aus diesem verschiedenen Denken in Sprache wieder hinauskommt: Er erkennt nämlich auch, dass dieses sprachliche «Denken» ja nicht das ganze Denken ist, sondern dass man mit den Sprachen über die Sprache hinausdenken kann.

Die Einsicht in die verschiedenen Sprachen als Formen des menschlichen Denkens und als Reichtum des menschlichen Geistes ist auch heute noch die Basis für die Verteidigung der Sprachen und des Plurilinguismus. Nur wenn wir einsehen, dass Sprachen kostbare Formen des menschlichen Geistes sind, können wir versuchen, uns gegen die voranschreitende sprachliche Vereinheitlichung der Welt zu wehren. Wenn Sprachen nur völlig gleich-gültige Kommunikationsmittel sind, gibt es keinen Grund für die Beibehaltung so vieler verschiedener Sprachen. Wenn sich herausstellt, dass die Sprachen nichts anderes tun, als unsere globale Kommunikation behindern, dann heißt es: weg damit und ein globales Kommunikationsmittel her! Wenn Sprache aber noch eine andere Funktion hat – eben das Gestalten von Welt, die Fassung der Welt in Gedanken –, dann ist das Verschwinden von Sprachen ein gravierender Schaden: Wenn Sprachen verschiedene Weisen des Denkens der Welt sind und wenn man findet, dass diese verschiedenen Weisen kostbare Beiträge zur geistigen Bearbeitung der Welt durch die Menschen sind, geht mit dem Verlust einer Sprache eine besondere «Ansicht» von der Welt und ein kostbares Geschöpf menschlicher Kreativität verloren. Auch hier könnte man natürlich sagen, dass es genügt, wenn die Menschheit eine einzige sprachliche «Weltansicht» hätte. Wozu soll man denn die merkwürdige französische Unterscheidung von passé composé, passé simple und imparfait, also von Besprechen und Erzählen, von Vordergrund und Hintergrund des Erzählens beibehalten, wenn man die Geschichte grosso modo auch ohne diese Unterscheidung erzählen kann. Diese kleine Feinheit geht dann eben verloren. In der Tat ist das so: Es kommt darauf an, dass man die kleinen Feinheiten wichtig findet.

3.7. Wissenschaftssprache und normale Sprache Aber nicht alle finden die kleinen Feinheiten wichtig, nicht jeder findet die von mir hier gefeierte semantische Vielfalt der Sprachen auch nur erträglich. Die Vielfalt der Sprachen wird von vielen nicht nur als ein kommunikatives Hindernis kritisiert, sondern auch in semantischer Hinsicht als ein noch schlimmeres, nämlich kognitives Hindernis betrachtet. Die Wissenschaft, genauer die Naturwissenschaft, fordert daher gerade den Verzicht auf die vielen sprachlichen «Weltansichten» und besteht auf einer einzigen «Weltansicht». In der Wissenschaft möchte man auf keinen Fall verschiedene Weltansichten haben, sondern die eine richtige Ansicht der Wissenschaft, die prinzipiell universell ist. Da würden verschiedene «Weltansichten» eher extrem stören. Und wir alle möchten ja ebenfalls, dass z. B. beim Bau einer Brücke über den Rhein die französischen Ingenieure die Welt genauso sehen wie die deutschen. In wissenschaftlicher Sprachverwendung muss es prinzipiell gleichgültig sein, ob die Berechnungen für die besagte Rheinbrücke auf deutsch, englisch oder französisch gemacht worden sind. Sie müssen in allen Sprachen identisch sein. In der Tat sollen die spezifischen Bedeutungen gerade getilgt sein. Nehmen wir an, bei den Berechnungen gehe es um eine Brücke von 99 Metern Länge. Der Franzose «denkt» dabei in seiner Sprache etwas, das auf deutsch etwa «vier-zwanzig-zehn-neun» bedeutet: *quatre-vingt-dix-neuf,* er vollzieht gleichsam eine komplizierte, höchst merkwürdige Rechenoperation; ein Brite würde «neunzig-neun» (*ninety-nine*) denken, also aus unserer Sicht, die wir «neun-und-neunzig» sagen, die Zahlen gerade umdrehen. Die Sprachen «betrachten», wenn man so sagen darf, die Zahl 99 tatsächlich einigermaßen verschieden. Gerade das aber darf in Technik und Wissenschaft keine Rolle spielen: Die bezeichneten *Sachen* allein sind wichtig, die mit eindeutigen «Wörtern» bezeichnet werden sollen. Dabei sollen diese «Wörter» keine *sprachliche* Bedeutung mehr haben, die «Bedeutungen» dieser wissenschaftlichen Wörter sind die Sachen selbst und die von der Wissenschaft geschaffenen Konzepte – also gerade nicht die einzelsprachlichen Vorstellungen. Diese lässt das wissenschaftliche Sprechen hinter sich, es streicht sie gleichsam durch.

Ich habe hier die Ausdrücke «Wörter» und «Bedeutungen» in Anführungszeichen gesetzt, weil die Termini der Wissenschaft sozusagen keine Wörter mehr sind, sondern etwas strukturell Anderes, nämlich in einem emphatischen Sinne «Zeichen»: Im wissenschaftlichen Gebrauch ist die Sprache nämlich völlig «gleichgültig», weder ihr spezifischer Klang noch ihre spezifische Semantik spielen noch eine Rolle. Sie ist «willkürlich» in einem radikalen Sinn: völlig von der bewussten Setzung (Willkür) der Wissenschaft abhängig und damit von der historischen Sprachgemeinschaft befreit. Sie ist prinzipiell Sprache der Weltgemeinschaft der Wissenschaft. Kann man denn dann nicht auch die Welt überhaupt sprachlich vereinheitlichen?

Nun: Die Welt ist nicht nur ein naturwissenschaftliches Projekt. Auch das Denken ist nicht nur ein wissenschaftliches Projekt, sondern es hat gewissermaßen verschiedene Stufen. Nicht alles Denken der Menschheit findet auf der Ebene des klaren adäquaten rationalen Denkens der Wissenschaft statt. Das Leben der Menschen verlangt gerade auch ein Denken auf, wenn man so will, «niedrigeren» Ebenen. Dazu gehören die verschiedenen kulturellen Praktiken, die an Sprache gebunden sind, von der Literatur und Dichtung bis zum alltäglichen sprachlichen Austausch. Hier brauche ich nicht nur, sondern hier darf ich gar nicht mit wissenschaftlicher Präzision sprechen. Die alltägliche Konversation funktioniert gerade deswegen, weil die in ihr verwendeten Bedeutungen vage und unpräzise sind. Nichts zerstört das Funktionieren einer alltäglichen Konversation so sehr wie der Versuch, dort wissenschaftliche Präzision einzuführen. Ich muss einfach akzeptieren, dass meine Gesprächspartnerin sich etwas dabei gedacht hat, wenn sie mir sagt: «Wir waren so glücklich letztes Jahr in Paris.» Wenn ich sie um die genaue Präzisierung des Prädikators «glücklich» bitte – «Könnten Sie mal sagen, was Sie mit ‹glücklich› genau meinen?» –, kündige ich den Vagheits-Vertrag. Ich zwinge sie zu einer Art wissenschaftlicher Definition, die der Situation der alltäglichen Konversation völlig unangemessen ist: Wenn ich gutwillig – *charitable* – bin, weiß ich ja ungefähr, wie die Frau sich in Paris gefühlt hat. Mehr wollte sie mir gar nicht sagen. Sie wollte sich auf keinen ethischphilosophischen Traktat über das Glück beziehen, und sie wollte schon gar keine Theorie des Glücks entwickeln.

Also: Im normalen, nichtwissenschaftlichen Sprechen ist die – sicher unklare – Semantik der Sprache voll in Kraft und angebracht. Dort möchte ich den mir vertrauten Worten und den in der sprachlichen Sozialisation in meiner Gruppe gelernten Semantiken begegnen. Dort weiß ich hinreichend genau, was «glücklich» bedeutet, wenn jemand sagt, dass er letztes Jahr in Paris so glücklich gewesen sei. Zu einem solchen normalen Sprechen gehört auch die Literatur: Dort ist es auch für den Anfang eines Romans absolut wichtig und semantisch hochbedeutsam, dass das passé composé *je me suis couché* erscheint, und nicht *je me couchais*. Hätte das sprechende Ich *je me couchais* gesagt, hätte es einen Hintergrund des Erzählens eröffnet, vor dem dann irgendwann einmal eine Verbalhandlung im passé simple im Vordergrund des Erzählens erschienen wäre. Das hier im ersten Satz des Romans auftretende Ich (*je*) nimmt aber mit dem passé composé gar nicht die Haltung des Erzählens ein, sondern die des Besprechens, d.h. es rückt die Handlung *se coucher* gar nicht in den Hintergrund einer der Lebenspraxis enthobenen erzählten Welt, sondern bezieht sie in einer Rückschau auf sein aktuelles Leben. Es wird also mit dem ersten Satz klar, dass hier einer um sein Leben schreibt. Der erste Satz eröffnet damit den gewaltigen Bogen zum Ende des riesigen Werks, an dem das sprechende Ich sein aktuelles Lebensprojekt findet – nämlich das Schreiben der von uns dann schon gelesenen Tausenden von Seiten der *Recherche*. Der Anfang des Romans «denkt» also die Welt auf eine ganz bestimmte Art und Weise, die so auch nur in französischer Sprache gedacht werden kann, weil im Französischen die Tempora so strukturiert sind. Auch jede noch so gute Übersetzung sagt und denkt nicht dasselbe. Mein deutsches Perfekt «Lange Zeit bin ich früh ins Bett gegangen» ist zwar völlig richtig, weil es nach Weinrich ebenfalls das Besprech-Tempus der Rückschau ist, aber es ist dennoch nicht dasselbe, weil die Tempora des deutschen Verbs systematisch anders funktionieren. Das ist ja gerade das Schöne – oder auch Tragische – an Übersetzungen, dass sie es «anders sagen» müssen.

3.8. Liebe, Klang, Identität Bisher habe ich in der individuellen Semantik der einzelnen Sprachen, in ihrer «Weltansicht», die besondere Kostbarkeit der einzelnen Sprachen angesiedelt. Und ich bin tatsächlich auch davon überzeugt, dass dies die hauptsächliche Basis für die Verteidigung von Sprachen ist. Es ist auch der Hauptgrund dafür, dass Menschen ihre Sprache «lieben» oder «brauchen». Dies ist ganz deutlich geworden in den Stellungnahmen der aus Nazideutschland vertriebenen Schriftsteller zur deutschen Sprache: Sie haben betont, dass sie zum Denken ihre alte Sprache benötigen, dass die Sprache, aus der man sie vertreiben wollte, eine geistige Form ist, in der sie denken und arbeiten und an die sie gebunden bleiben. Adorno hat gesagt, dass er das Deutsche als seine Denkform benötige, und auch Hannah Arendt hat die tiefe geistige und emotionale Verbundenheit mit dem Deutschen gemeint, als sie sagte, die Sprache sei das, was geblieben sei.

Nun sind Sprachen aber natürlich nicht nur *Denk*formen, sondern – sofern die Bedeutungen ja unauflöslich an den Laut gebunden sind – auch ganz bestimmte *Laut*formen. Jede Sprache ist eine ganz besondere Klangwelt. Auch hinsichtlich des Lauts kann man sagen, dass es ein Wunder ist, in welcher Vielfalt die Menschen ihre Sprachen realisiert haben. Die Menschen haben ja ein riesiges Potential an möglichen Lautproduktionen. Am schönsten sieht man das in der Lallphase des kleinen Kindes, in der das Baby alle lautlichen Möglichkeiten des Menschen durchprobiert. Aus dem zur Verfügung stehenden Reservoir von Lauten wählt der kleine Mensch dann gleichsam die Laute der ihn umgebenden Sprache aus. Wenn es nun immer weniger Sprachen gibt, verarmt natürlich auch in dieser Hinsicht – man könnte sagen in musikalischer Hinsicht – die Menschheit. Auch an den Klang einer Sprache als der ganz besonderen Erscheinungsform der Sprache binden die Sprecher einer Sprache ihre Liebe und ihre Anhänglichkeit, vielleicht sogar in einer noch «tieferen», weil an den Körper und seine Erinnerungen gebundenen Weise: Ungeborene vernehmen schon im Uterus den Klang der Sprache ihrer Mütter, und der Klang dieser tatsächlichen «Muttersprache» erhöht, wie Experimente gezeigt haben, das Wohlbefinden von Neugeborenen. Gerade an den Klang binden aber die Menschen auch ihren besonderen Abscheu vor einer Sprache. Sofern Sprache als Klangereignis in der Welt auftritt, begegnet sie den Menschen gerade als Lautproduktion, nicht als immaterielle semantische Welt. Und dieser Klang kann vehemente Abwehr-Reaktionen auslösen. Wenn Dante im *Convivio* von der Liebe zu seiner Sprache schreibt – er hat vermutlich als erster über die Sprachliebe geschrieben –, so bezieht er diese auf den Klang der Sprache seiner Eltern: Es ist eine «liebliche» Sprache, sie ist *soave*, von süßester und liebenswürdigster Schönheit, *de dolcissima e d'amabilissima bellezza*. Umgekehrt bezieht sich auch sein Abscheu vor bestimmten Sprachen – genauer: vor bestimmten Dialekten der italienischen Volkssprache des 13. und 14. Jahrhunderts – auf den Klang: Die meisten italienischen Dialekte klingen nach Dante einfach schrecklich. Auch der französische Dichter Du Bellay macht im 16. Jahrhundert seine Sprachliebe am Klang seines Französischen fest, auch bei ihm ist es die Lieblichkeit, die «douceur angevine», die er liebt. Humboldt spricht gar vom «Zauber», der vom Klang der «vaterländischen» Sprache ausgeht: «es ist uns, als wenn wir mit dem heimischen [Laut] einen Theil unseres Selbst vernähmen» (Humboldt VII: 59).

Dante verweist als Quelle seiner Anhänglichkeit an seine Sprache des weiteren auf die Gruppe, die diese Sprache spricht. Seine Eltern haben ihn in dieser Sprache gezeugt, seine Stadt spricht diese Sprache und in dieser Stadt die gesellschaftliche Gruppe, aus der er stammt: die *nobile gente*. Es ist die Sprache einer *Nähe*, der er sich zugehörig fühlt und der er emotional besonders verbunden ist – im Gegensatz zu einer Sprachwelt der Ferne, die ihn kalt lässt – in seinem Fall war dies das Lateinische. Modern gesagt: Der Sprecher Dante artikuliert ein Gefühl, das in modernen sprachpolitischen Diskursen als *Identität* thematisiert wird. Die jeweilige Sprache ist etwas, an dem Menschen ihre «Identität» festmachen. Und jeder politisch korrekte Diskurs respektiert die Identität oder warnt empört vor der Verletzung von Identität (Skutnabb-Kangas 2000). Der Identitäts-Diskurs in Bezug auf Sprache ist tatsächlich etwas Modernes:

Er bildet sich in der Zeit der Entstehung der Nationalstaaten, die – am schönsten kann man das in der Französischen Revolution sehen – ihre Existenz und ihre innere Verfassung zunehmend an eine gemeinsame Sprache knüpften. Die Nation wird ein Staatsvolk, das eine gemeinsame Sprache spricht. Der Staat sollte Bürger haben, die alle dieselbe Art und Weise des Denkens, und das heißt eine gemeinsame Sprache, haben, sagen klipp und klar jakobinische Sprachpolitiker. Die Gemeinsamkeit der Sprache garantiert den gesellschaftlichen Zusammenhang. Während Dante seine identitären Gefühle noch am Klang der Sprache festmachte, wird die sprachliche Identität nun tiefer angesiedelt: nämlich im Denken, weil man inzwischen entdeckt hatte, dass Sprachen eine Art und Weise des Denkens transportieren. Die Nation wird – gerade in der Französischen Revolution – im wesentlichen zu einer Sprach-Nation, also zu einer Gruppe, die in der gemeinsamen Sprache ihre Identität findet. In der Auseinandersetzung mit den großen Sprach-Nationen entdecken dann zunehmend auch kleinere Sprachgemeinschaften ihre Sprachen als Träger ihrer Identität.

Es scheint mir unbestreitbar, dass die gemeinsame Sprache, der gemeinsame Klang und das gemeinsame Sprachdenken (zu der auch die gemeinsame Textwelt, die Literatur, zu rechnen ist) ein Zusammengehörigkeitsgefühl der diese Sprache sprechenden Gruppe erzeugt. Das Gefühl sprachlicher Identität entsteht also gerade aus der Tatsache, dass Sprache kommunikativ ist, dass sie gesellschaftliche Kooperation bedeutet, dass sie in dieser Kooperation ein gemeinsames Denken und einen gemeinsamen Klang erzeugt. Die Frage stellt sich nun, ob dieses Gefühl einer Sprach-Gemeinschaft – bzw. das Gefühl jedes Einzelnen, zu einer bestimmten Gruppe zu gehören – als solches wertvoll und schützenswert ist.

Ich würde folgende Antwort geben: Das Gefühl der Zugehörigkeit zu einer Sprachgemeinschaft ist als solches weder positiv noch negativ. Es ergibt sich einfach und ist gleichsam selbstverständlich und nichts Besonderes. Eine identitäre Wertigkeit bekommt es erst in der Beziehung zu anderen. Dabei sind die verschiedensten Haltungen möglich: z. B. (selten) Respekt und Bewunderung: So bewundern die Menschen der Welt z. B. das Englische, was den Sprechern dieser Sprache eine ungeheure identitäre Genugtuung gibt. Oft geschieht es allerdings, dass die eigene Sprachgemeinschaft Anfeindungen verschiedenster Art ausgesetzt ist. Solange das identitäre Gefühl defensiv ist, d. h. ein Gefühl, das gegen sprachliche und kulturelle Unterdrückung und Auslöschung in Anschlag gebracht wird, ist es ein durchaus respektables Gefühl. Niemand hat das Recht, meine Zugehörigkeit zu einer Sprachgemeinschaft infragezustellen, zu belächeln oder gar zerstören zu wollen. Allerdings kann es durchaus gesellschaftliche und politische Konstellationen geben, bei denen ein (partieller) Verzicht auf die eigene Sprache vernünftig ist: So ist es z. B. vernünftig, dass die deutschen Dialekt-Gemeinschaften im großen und ganzen die Erlernung der gemeinschaftlichen Sprache, der deutschen Standardsprache, in den Schulen nicht als Unterdrückung verstehen, sondern eher als Erwerb einer zweiten Sprache. Es muss nämlich die eigene Sprache nicht in allen Gebrauchsweisen obwalten, sie kann durchaus auf bestimmte Gesprächsfelder beschränkt sein, etwa auf die Konversation zuhause oder im Freundeskreis. In jenem Erziehungsprozeß erhält man gewissermaßen eine doppelte Identität: Man ist Schwabe (Bayer, Hamburger, Sachse usw.) und Deutscher zugleich. Man kann natürlich auch tatsächlich die dialektale Identität aufgeben, weil man diese Sprache für wenig wertvoll hält und sich daher von ihr befreit.

Allerdings kann sich das Identitätsgefühl auch aggressiv gegen andere Sprachen kehren: Sobald Sprach-Identität offensiv und exklusiv auftritt, also die eigene Identität zum Schaden anderer ausgespielt wird, sind identitäre Diskurse und Aktivitäten unerträglich. So war etwa der jakobinische Sprachdiskurs während der Französischen Revolution und danach, sofern er die eigene französische Sprache pries und die Sprachen der Minderheiten Frankreichs verachtete, eine eklatante Verletzung kultureller Rechte der Sprachgemeinschaften Frankreichs. Manchmal ist aber die eine identitäre Bewertung nicht recht von der anderen zu trennen bzw. geht das eine in das andere über: Solange sich die kanadischen Frankophonen gegen die

Verdrängung ihrer Sprache durch das Englische wehrten und ihre sprachliche Identität verteidigten, war dies ein weltweit durchaus mit Sympathie aufgenommener Kampf. Seitdem die frankophone Identität in Québec «herrscht», hat der Sprachdiskurs oft eine unangenehme Aggressivität, die sich nun ihrerseits überall und prinzipiell gegen das Englische wendet.

Damit können wir als Fazit unserer Überlegungen zur Frage, ob sprachliche Verschiedenheit gut ist oder schlecht, kurz sagen: dass alles gut ist, was menschliche – denkerische oder musikalische – Kreativität befördert – und das tut die Verschiedenheit der Sprachen. Wenn sie zum Glück von Gesellschaften beiträgt, die sich in ihren jeweiligen Sprachen kreativ und glücklich eingerichtet haben, gibt es keinen Grund, sprachliche Diversität zugunsten einer abstrakten Einheitlichkeit der Kommunikation aufzugeben. Weise ist es allerdings, die menschliche Sprachverschiedenheit, die natürlich auch ein Kommunikationshindernis ist, zu mildern durch die Beförderung der Mehrsprachigkeit, durch eine umfassende und reiche Übersetzungstätigkeit und durch eine die Verschiedenheit überwölbende gemeinsame Sprache für bestimmte kommunikative Zwecke (vgl. unten Kapitel 6.6.).

3.9. Die innere Verschiedenheit der Sprachen

Sprachen sind keine einheitlichen phonetiko-semantischen Systeme, sondern variieren aus verschiedenen Gründen und stellen damit ein Ensemble von Varietäten dar, das trotz dieser Variation doch als «dieselbe» Sprache betrachtet wird. Ich bin schon darauf eingegangen, wie schwer es ist, Sprachen voneinander abzugrenzen. Im strengen Sinne des Wortes geht das sogar überhaupt nicht. Die Sprache ist ein einziger Fluss von Übergängen: Übergänge in der *Zeit* (vielleicht stammen ja tatsächlich alle Sprachen von einer einzigen ab), Übergänge im *Raum* (denken Sie noch einmal an das romanische Kontinuum von Belgien bis nach Sizilien oder an die kontinuierlichen Übergänge zwischen den deutschen Mundarten), Übergänge in der Materialität bzw. zwischen den *Medien* der Sprache: Die Schrift ist nicht nur – oder sogar eher selten – die Aufbewahrung des gesprochenen Wortes, sie ist selber auch wieder Vorlage fürs Gesprochene. In der Opposition von geschriebener und gesprochener Sprache verbirgt sich – zumindest anfänglich – auch eine *soziale* Opposition: Geschrieben wurde oben, unten wurde nur gesprochen. Gerade diesem Gegensatz will ja die demokratische Schule und ihr Auftrag der Verbreitung des Schreibens und des mit diesem verbundenen «guten» Sprechens entgegenwirken. Die mit der Schrift eng verbundenen Standardsprachen sind in allen mir bekannten Kulturen gesellschaftlich hochstehende Varietäten der jeweiligen Sprachen.

Dabei kann auch das Oben und das Unten sehr differieren: Die deutsche Norm z.B. ist, auch wenn sie «von oben» stammt, bedeutend volkstümlicher als die französische oder italienische. Die französische Standardsprache stammt aus dem höchsten gesellschaftlichen Milieu, sie ist ursprünglich die Sprache des Pariser Hofes gewesen, also einer sehr eng definierten Aristokratie. Die italienische Normsprache ist nicht so sehr als sozial, sondern vielmehr als kulturell hochstehend definiert: Sie stammt ab von einem ganz eng definierten Textkorpus, nämlich dem Korpus der klassischen Dichter des 14. Jahrhunderts Dante, Petrarca, Boccaccio. Dies ist ein hoch-kulturelles Korpus, es handelt sich nicht um Erzählungen und Gesänge des Volkes, sondern um Dichtung für eine raffinierte Kulturelite. Die moderne deutsche Standardsprache ist dagegen aus einer mitteldeutschen Verwaltungssprache entstanden und dann aus dem doch eher im Bürgertum angesiedelten religiösen Schrifttum des 16. Jahrhunderts. Luther wollte durchaus dem Volk aufs Maul schauen. Ob er es getan hat, sei einmal dahingestellt. Es kommt nur darauf an, wer als Instanz der Norm genannt wird. Und da macht es einen Unterschied, ob das Volk (des mittleren Deutschland) oder – wie in Frankreich – der Hof (in Paris) oder wie in Italien die «drei Kronen» (le tre corone) der Dichtung (aus der Toskana) als Bezugspunkte erscheinen.

Die mediale Verschiedenheit der Sprache ist also kombiniert mit der gesellschaftlichen und regionalen Variation. Man hört jemandem an seiner Sprache an, «woher» er kommt. Dabei meint dieses «Woher» ein Doppeltes, nämlich eine soziale

Die innere Verschiedenheit der Sprachen

und eine regionale Herkunft. Beides ist nun wieder auf verzwickte Weise miteinander verknüpft. Bestimmte soziale Schichten haben ihre durchaus deutlich unterscheidbaren Redeweisen. In Frankreich z. B. tritt die soziale Markierung des Sprechers insofern deutlicher hervor, als – jedenfalls im Zentrum des Landes – die örtlichen Unterschiede, die Dialekte, fast verschwunden sind. In Frankreich ist der Unterschied zwischen einem «volkstümlichen» Französisch – *français populaire* – und dem «bürgerlichen» (vormals aristokratischen) Französisch viel eindeutiger nur sozial markiert als in Deutschland. Im deutschen Sprachbereich bringt der soziale Gegensatz – jedenfalls in der Mitte und im Norden Deutschlands – gleichzeitig auch die geographische Variation der Sprache ins Spiel: Unten wird Dialekt gesprochen, oben Standard. Jedenfalls trifft das heute für Städte zu wie etwa für Frankfurt und Berlin. In Stuttgart sieht das wieder anders aus: Die regionale Varietät ist nicht gleichzeitig auch soziale Markierung. Der Dialekt – oder zumindest eine starke dialektale Färbung – ist dort durchaus auch im gebildeten Bürgertum üblich.

Zunehmend scheint sich in den letzten Jahren auch eine *generationelle* Differenz im Sprechen einer Sprache herausgebildet zu haben. Allerdings hängt das, was heute unter «Jugendsprache» diskutiert wird, auch nicht nur mit Alters- und Generations-Unterschieden zusammen, sondern auch mit sozialen: Es handelt sich bei den als «Jugendsprache», frz. *langue des jeunes*, diskutierten Varianten der jeweiligen Sprache oft weitgehend um Wortschätze (und ein paar grammatische Besonderheiten) von jungen Immigranten. Diese arbeiten ihre gesellschaftliche Marginalität sprachlich auf, indem sie eine Redeweise schaffen, die sie als Gruppe nach innen (identitär) zusammenhält und nach außen gegen eine feindliche Umwelt abgrenzt (kryptisch) bei gleichzeitiger Entfaltung spielerischer Kreativität (ludisch).

Auch der Unterschied der *Geschlechter* findet seinen Niederschlag in der Sprache: Die geschlechtsspezifischen Differenzen sind in den Sprachgemeinschaften verschieden scharf markiert: Im Japanischen ist diese Differenz tief in die Sprache eingeschrieben, so dass es gleichsam ein Japanisch von Frauen und ein Japanisch von Männern gibt. Durch verschiedene Wörter für «ich», Anrede-Formen, Satzende-Partikeln, Wortschatz, Intonation versprachlichen sich Redner als Frauen oder Männer. In den europäischen Sprachen sind die Geschlechter sprachlich weniger scharf getrennt. Allerdings markiert sich in den romanischen Sprachen eine Frau durchaus als solche in adjektivischen und partizipialen Formen: *je suis furieuse* (nicht *je suis furieux*), *je me suis plainte* (nicht *je me suis plaint*). Im Deutschen ist der Substantiv-Bereich der Berufe und Funktionen weiblich markiert: *Bäckerin, Professorin, Ärztin, Teilnehmerin* etc. Die dramatische Differenz zwischen dem Sprechen der Männer und dem der Frauen liegt aber in unseren Gesellschaften gar nicht so sehr in den einzelsprachlichen Formen – also in Aussprache, Wortschatz und Grammatik – als im kommunikativen Verhalten der Männer und der Frauen: Männer verhalten sich in der Konversation aggressiver als Frauen, die bedeutend kooperativer, mit mehr Rücksicht auf die Gesprächspartner im Dialog agieren.

Schließlich ist als weiterer Variationsparameter mit erheblichen Folgen für die konkrete sprachliche Gestalt der Äußerung die *situationelle* Beziehung zwischen den Sprechern zu erwähnen: Die verschiedenen, von der Kommunikationssituation abhängigen Beziehungen zwischen den Sprechern lassen die Sprache noch einmal innerhalb der sozial-geographischen Variation variieren. Gemeint ist damit folgendes: Man spricht anders mit jemandem, den man gut kennt, mit der Familie und Freunden, als mit Menschen, mit denen man nur berufliche Kontakte hat. Wieder anders spricht man, wenn man einen Vortrag oder eine offizielle Rede halten muss. Auch diese situationellen sozialen Konstellationen können wieder mit regionalen Differenzen in verschiedener Ausprägung verbunden sein: Während ich mit einer Frankfurter Verwandten im persönlichen Gespräch schönes Umgangs-Frankfurterisch rede, mildere ich die dialektalen Züge, wenn ich dann vor dem Haus meinen Nachbarn treffe, zumal ich weiß, dass der aus Hamburg stammt. Wenn ich dann ein paar Straßen weiter an der Universität eine Vorlesung halte, versuche ich, die dialektalen Züge zu tilgen, und in dem Aufsatz, der aus der mündlich gehaltenen Vorlesung hervorgeht, ist dann ohnehin nichts Mundartliches mehr zu vernehmen.

3.10. Sprache im historischen Wandel Die räumliche, gesellschaftliche, mediale, generationelle, geschlechtliche und situationelle Variation der Sprachen erschöpft deren Variabilität noch lange nicht. Sprachen verändern sich bekanntlich dramatisch in der *Zeit*. Ein Blick auf das Französische, das früher einmal Latein war, zeigt dies in aller Deutlichkeit. Kein Franzose kann mit seiner heutigen Sprachkenntnis einen lateinischen Text lesen. Mittelhochdeutsche Texte, die ja nur achthundert Jahre von uns entfernt sind, müssen wir mit einem Wörterbuch und einer Grammatik entziffern. Schon die zweihundert Jahre zwischen Goethe und uns schaffen hier und da Probleme: Wenn Faust von Mephisto verlangt: *Hör, du musst mir die Dirne schaffen*, so meint er mit dem Wort *Dirne* erstens keine Prostituierte, sondern das unschuldige fromme Gretchen, und wir würden zweitens auch eher *beschaffen* oder *besorgen* an dieser Stelle sagen als *schaffen*.

Nun kann laut darüber geklagt werden, wie schrecklich diese sprachliche Veränderbarkeit der Sprache ist. Das wird auch getan. Mein schon oft erwähnter italienischer Gewährsmann, der Dichter Dante, hat dies vielleicht am schönsten in seinem Buch über die Dichtung in der Volkssprache getan. Und zu dieser Klage gehört auch immer gleich die Forderung, diese schreckliche Veränderbarkeit anzuhalten. Dante konstruiert sich deswegen theoretisch eine unveränderbare Sprache für die Dichtung, das *Vulgare illustre*. Auch die frühen Grammatiken und Wörterbücher der europäischen Volkssprachen verfolgten immer das Ziel, die evidente Veränderlichkeit der Sprache in der Zeit festzuhalten: Wenn man im 16./17. Jahrhundert die französische Sprache «in Regeln stellen» (*mettre en règle*) will, dann soll damit nicht nur die unwillkommene soziale und regionale Variation ausgeschlossen werden (die Sprache der Bauern und der Provinzen), sondern auch die Zeit angehalten werden: *fixer la langue*. Im 17. Jahrhundert sollte dies auch deswegen geschehen, weil man meinte, das Französische habe nun einen Zustand der Vollkommenheit erreicht, der nicht überboten werden könne.

Nun ist der Versuch der Fixierung – ebenso wie der Wunsch nach «Bestimmtheit» der Bedeutungen oder nach Einheitlichkeit der Sprache – zwar ein verständlicher Wunsch. Er ist aber ein Wunsch, der sich gegen die Natur der Sprache richtet. Wir haben schon gesehen, dass Wörter der normalen Sprache nicht «bestimmt» sind wie wissenschaftliche Termini, sie müssen «unbestimmt» sein, um den verschiedenen Bedürfnissen des Lebens gerecht zu werden. Die Sprache soll auch nicht einheitlich sein, damit die Vielzahl der «Ansichten» der verschiedenen Menschen sich manifestieren kann, damit, wie Humboldt sagt, die verschiedenen Sprachen jeweils etwas Neues an der Welt entdecken können. Und schließlich lässt sich die Sprache auch nicht in der Zeit fixieren, weil sie offen sein muss auf die sich verändernde Welt. Tatsächlich verändern sich ja Sprachen in «konservativen» kulturellen und sozialen Kontexten weniger als in solchen, die dynamischen Veränderungen ausgesetzt sind: So hat sich z. B. das Französische der Franzosen, die im 17./18. Jahrhundert nach Kanada auswanderten und dort als Bauern in einer gleichbleibenden ländlichen Welt lebten, viel weniger verändert als das Französische Frankreichs, das sämtlichen historischen Veränderungen der Moderne ausgesetzt war.

Damit sind wir bei der immer noch leidenschaftlich diskutierten Frage angelangt, warum sich Sprachen denn verändern (Deutscher 2008). Ich habe hier schon auf die sich wandelnde Umwelt als Motiv für sprachliche Veränderung hingewiesen. Andererseits setzen sich die Menschen, diese sehr veränderlichen Tiere – wie Dante sie nannte – nach ihren individuellen geistigen Möglichkeiten und Absichten mit der sie umgebenden Welt auseinander. Ausdrucksabsichten und Bezeichnungsnotwendigkeiten der Sprecher wären also der Kern des Sprachwandels. Dies ist auch für lexikalische Veränderungen leicht nachzuweisen. Ein neuer Gegenstand verlangt ein neues Wort. Die Metapher «Maus» bietet sich an für das Gerät, das wir täglich beim Schreiben am Computer verwenden. Metapher und Metonymie sind die wichtigsten und intelligentesten Verfahren lexikalischer Neuschöpfungen. Die sprachliche Kreativität sucht Vergleiche und Ähnlichkeiten (Metapher) oder variiert die Bezeichnung durch etwas mit dem bezeichneten Gegenstand Verbundenes: z. B. «Berlin» für «die deutsche Regierung» (Metonymie). Übernahmen aus fremden Sprachen sind beliebt: Der Computer wird mit einem Wort bezeichnet, das wir aus dem Englischen übernehmen, «Rechner» sagen eigentlich nur wenige. Das Englische bzw. unsere Vertrautheit mit dieser Sprache verändert die Semantik schon existierender deutscher Wörter, z. B. «realisieren» in: «ich realisiere erst jetzt, dass du schon wieder abreisen musst». Die aus dem Englischen übernommene «Lehnübersetzung» (frz. *calque*) «das macht Sinn» erregt die Gemüter der deutschen Sprachfreunde.

Aber Sprachen verändern auch ihre Grammatik und ihre Lautgestalt. Da ist es schon schwerer, eine Ausdrucksabsicht festzustellen. Mit den sich wandelnden Lauten hat sich die Sprachwissenschaft des 19. Jahrhunderts am intensivsten beschäftigt, der sogenannte Lautwandel war gleichsam das Hauptthema dieser «historischen» Sprachwissenschaft. Welche Ausdrucksabsicht sollte aber z. B. der zweiten, deutschen Lautverschiebung zugrundeliegen? Wieso werden germanisch p t k zu deutsch pf/f, ts/s und ch? Warum wurde also, wenn wir lateinische Lehnwörter im Deutschen anschauen, *porta* zu *Pforte*, *tegula* zu *Ziegel* (vgl. auch: *ship – Schiff, eat – essen, make – machen*). Da ist wohl kaum eine «Intention» der Sprecher auszumachen. Es geschieht einfach. Dass Sprachen sich verändern wie natürliche Gegebenheiten, war selbstverständlich für eine Linguistik, die annahm, dass Sprachen Naturgegenstände sind. Bei den sogenannten «Lautgesetzen» scheint sich diese Annahme auch zu bestätigen. Warum aber verschwinden die lateinischen Passivformen – *amor, amabatur, amemini* – in den romanischen Sprachen? Weil sie zu kompliziert waren, weil sie so wenig gebraucht wurden? Warum wird das lateinische Futur – *amabo, amabis, amabit* – in den romanischen Sprachen durch ein neues Futur ersetzt – *amare habeo*? Es gibt konkurrierende Erklärungen: Entweder die Formen des lateinischen Futurs fallen zum

Teil mit den Formen des Perfekts zusammen – *amabit ~ amavit* (b und v gleichen sich an) –, und da müssen neue Formen zur Markierung der unterschiedlichen Funktionen her. Oder: *amare habeo*, das ja «ich habe zu singen» heißt, drückt eine ethische Verpflichtung aus, die dem Geist des aufkommenden Christentums entgegenkommt und sich deswegen ausbreitet. Zwischen der Annahme naturgesetzlicher Veränderungen und der Annahme, dass Sprachwandel abhängt von der Intention der Sprecher, vermittelt derzeit die These, dass Sprachwandel ein Phänomen der «unsichtbaren Hand» sei, die gleichsam das Natürliche mit dem Intentionalen verbindet: Sprachwandel sei ein quasi-natürlich ablaufender sozialer, also mit menschlicher Intentionalität verbundener Prozess (Keller 1990).

Unzweifelhaft ist, dass Sprachen sich verändern, ja dass diese Veränderung gerade ein Wesenszug von Sprachen ist. Sprachen sind in die menschliche Geschichte hineingestellt, sie sind offen, um den unendlich verschiedenen Absichten und Aufgaben des sprechenden Menschen gerecht werden zu können (Coseriu 1974). Vielleicht ist es aber doch angesichts der starken naturalistischen Tradition in dieser Frage einmal wichtig festzuhalten, dass diese Veränderlichkeit nichts «Natürliches» ist. Das Argument der «natürlichen Sprachveränderung» wird immer aus der ideologischen Mottenkiste des 19. Jahrhunderts geholt, wenn Menschen oder Institutionen Vorschläge für Eingriffe in die Sprache machen. Dann wird gern gesagt, Sprache verändere sich «natürlich» und man dürfe diesen «natürlichen» Prozess nicht stören. Das trifft, wie gezeigt, vielleicht auf den Lautwandel zu, der aber auch durch die Köpfe und Münder der Sprecher hindurch muss, um sich durchzusetzen, so ganz natürlich ist selbst das nicht. Sprache ist – bis auf die biologische «Gabe» der Sprachfähigkeit – etwas durch und durch vom Menschen Gemachtes. Auch die «unsichtbare Hand» ist noch eine Hand des Menschen. Deswegen können Menschen und Institutionen selbstverständlich in die Sprache eingreifen. Zuletzt haben das die deutschsprachigen Staaten bei der Rechtschreibreform getan. Aber auch jeder andere Sprecher und Schreiber kann in die Sprache eingreifen und sie verändern, und das geschieht ja auch jeden Tag. Gerade deswegen, das heißt weil die Sprache von ihren Sprechern verändert werden kann, ist es sinnvoll, über diese Veränderungen zu diskutieren und zu streiten. Nicht weil ein Eingriff als solcher verderblich ist, wird er kritisiert – ein Verbrechen gegen die sogenannte Natürlichkeit gibt es nicht –, sondern weil der Vorschlag oder Eingriff eventuell dumm oder falsch ist. Wenn Düsseldorfer Werbeagenturen und flotte Unipräsidenten die deutsche Sprache mit überflüssigen Anglizismen vollschütten, so kann ihnen das selbstverständlich niemand verbieten. Aber man soll uns nicht weismachen, das sei der «natürliche» Wandlungsprozess der Sprache. Nichts ist weniger natürlich, dies ist völlig absichtlich und von einem starken Willen zur sprachlichen Veränderung motiviert. Daher kann man mit demselben Recht, mit dem diese Akteure über die Sprache verfügen, gegen diese Entwicklung angehen und dafür sorgen, dass sich das nicht verbreitet. Das eine ist so wenig «natürlich» wie das andere.

Sorge um die Sprache, «Sprachpflege», ist daher nichts, was von vornherein falsch wäre, weil es «unnatürlich» wäre, sondern im Gegenteil ein ganz normales, der Kulturtechnik Sprache angemessenes Verhalten. Wir pflegen ja auch unsere Häuser, unsere Musik und sonstigen Kulturgegenstände. Wenn jemand mein Haus mit Graffiti beschmiert, behauptet ja auch niemand, dies sei ein natürlicher Vorgang, den ich einfach ertragen muss. Ich kann dann tatsächlich den Angriff auf mein Haus erdulden, ja ich kann sogar weitere Mauerkünstler einladen, mein Haus noch mehr zu beschmieren. Ich kann aber genauso gut die Schmiererei übermalen oder entfernen und anderen Schmuck anbringen. Dies sind völlig legitime Reaktionsformen, keine davon ist «natürlich». Dabei sollte «Sprachpflege» allerdings nicht unbedingt immer als ein Festhalten und Konservieren verstanden werden, gerade innovatives Weiterentwickeln entspricht dem Wesen der veränderlichen Sprache und damit ihrer «Pflege» durchaus. Denn das sehen die «Natürlichkeitsfreunde» durchaus richtig: Anhalten kann und soll man die Sprache nicht.

Denn ein Anhalten ihrer Geschichtlichkeit wäre ihr Ende. Wenn Dante die Sprache, deren Wandelbarkeit und Geschichtlichkeit er genauestens erkennt (und beklagt), in *inalterabilis ydemptitas*, in «unabänderlicher Selbigkeit», fixieren möchte, so sehnt er das Ende der Sprache herbei. Denn ein ewig fixiertes, unwandelbares Sprachsystem ist im Himmel oder im Paradies denkbar und sinnvoll, nicht aber in unserer Welt, die in die Geschichte eingelassen ist. Wandelbarkeit ist für die Sprache wesentlich, sie ist ihr Leben, inalterable Identität ist ihr Ende, ihr Tod.

Wissenschaft muss sich aber der Veränderlichkeit der Sprache entgegenstellen, sie ist daher tatsächlich das Ende der Sprache. Wissenschaft setzt, wie wir schon gesagt haben, die Bedeutung eines Terminus fest, der dann gerade als Terminus fixiert und unveränderlich ist. Davon ist die Möglichkeit unbenommen, den Terminus wieder neu festzusetzen. Aber vom Moment seiner Festsetzung an ist er tatsächlich «ewig» und dem Strom des «weichen», veränderlichen Gesprächs enthoben. Auch hinsichtlich ihrer Historizität also, nicht nur, was die Präzision bzw. Ungenauigkeit der Semantik angeht, lässt die Sprache der Wissenschaft die Sprache hinter sich zurück. Wissenschaftliche Ausdrücke können aber – oft zum Leidwesen der Wissenschaftler – aus ihrer terminologischen Fixiertheit wieder in die Umgangssprache übergehen, wo sie dann wie ganz normale Wörter der Unbestimmtheit und der Wandelbarkeit der normalen Sprache ausgesetzt sind. Berühmte Beispiele hierfür sind die Termini *Diskurs*, *Relativität*, *Quantensprung*, *generative Grammatik*, die jenseits ihrer jeweiligen wissenschaftlichen Festlegungen andere, unbestimmtere und veränderliche Bedeutungen in der Umgangssprache angenommen haben.

4. Diskurse

4.1. Diskurstraditionen Nachdem wir die Sprache im allgemeinen (Sprechen, langage) und die historischen Einzelsprachen (langues) in ihrer tausendfachen Verschiedenheit, ihrer inneren Variation und ihrer Wandelbarkeit kennengelernt haben, muss noch eine andere Dimension des Sprachlichen aufgezeigt werden, die ebenfalls historisch-kulturelle Formen entfaltet, die aber nicht mit den Einzelsprachen koinzidiert. Es handelt sich dabei um die Dimension, für die sich der Terminus «Diskurse» eingebürgert hat. Diskurse sind Formen von Texten und Äußerungen, also von sprachlichen Gebilden jenseits des Satzes, die in den Kulturen der Menschen Traditionen haben, welche nicht mit den Traditionen der Sprachen identisch sind, so wie wir sie bisher behandelt haben (Schlieben-Lange 1983). Am besten lässt sich das an literarischen Gattungen exemplifizieren: Das Sonett ist eine Textgattung, die im Mittelalter in Italien entstanden ist – folglich zunächst auf Italienisch realisiert wurde – und die sich schnell in ganz Europa durchgesetzt hat. Es gab dann rasch spanische, französische, deutsche, englische etc. Sonette (Shakespeares Sonette sind vielleicht die berühmtesten überhaupt), und es können auch heute noch Sonette geschrieben werden. Jeder, der ein Sonett schreiben will, weiß, dass er zumindest eine Grundregel beachten muss: Es müssen vierzehn Verse sein. Das ist wohl die einzige Regel, die wirklich immer noch eingehalten werden muss, damit ein Text als Exemplar dieser Gattung erkannt wird. Ursprünglich waren diese vierzehn Verse auch noch aufgeteilt in zwei Quartette und zwei Terzette, und es gab auch bestimmte Vorschriften bezüglich der Reime. Aber diese Regeln sind in der Geschichte des Sonetts mehrfach durchbrochen worden, ja die Geschichte des Sonetts ist gerade auch die Geschichte der Transformation dieser Grundregeln. Diskurse sind also Formen der Text-Herstellung, die historisch gewachsen sind – manchmal kann man eben auch den Anfang einigermaßen genau feststellen –, die durch bestimmte Regeln definiert sind, die sich aber – wie auch die Regeln einer Sprache – historisch wandeln und die prinzipiell nicht von den Einzelsprachen abhängig sind. Diese Textformen wandern gern von Sprache zu Sprache, oder besser ausgedrückt: Diese Formen lassen sich mit verschiedenen einzelsprachlichen Techniken realisieren. So wie das Sonett aus Italien nach ganz Europa wanderte, kann man heute sehen, wie sich etwa das Haiku aus Japan über die Welt verbreitet und – ob legitim oder nicht legitim, das ist überhaupt nicht die Frage – in verschiedenen Sprachen realisiert werden kann.

Natürlich sind die Diskurs-Traditionen nicht auf literarische Gattungen beschränkt. Auch im alltäglichen Sprechen und Schreiben gibt es sie. Wenn man eine Vorlesung hält, wenn man einen Geschäftsbrief schreibt, wenn man jemandem sein Beileid ausdrückt, befindet man sich in Diskurstraditionen und muss deren Regeln einhalten. Ein Verstoß gegen die Regeln eines bestimmten Diskurs-Typs kann oft gravierender sein als eine Verletzung der grammatischen Richtigkeit. Wenn ich etwa den Bundespräsidenten mit «Hi Präsident!» anschreibe, wird der Brief vermutlich im Papierkorb landen, während ein falscher Kasus in einem Brief, der mit «Sehr geehrter Herr Bundespräsident!» regelkonform beginnt («entgegen unseres früheren Vertrags»), vermutlich als lässliche Sünde betrachtet wird. Man muss und kann natürlich nicht alle diese Text-Gattungen aktiv beherrschen, sondern es genügt z. B. bei einem Sonett, dass man es als solches erkennt (das sollte man eigentlich schon, aber man kann ein bestimmtes Shakespeare-Sonett auch genießen und verstehen, ohne die Diskurstradition zu kennen). Man muss ja auch nicht alle Sprachen können, und man muss auch Sprachen nicht unbedingt sprechen können, oft genügt es, dass man sie versteht. Dennoch verlangt schon das Alltagsleben von allen Sprechern solche Text-Gattungen-Kenntnisse, aber mehr noch verlangen die verschiedenen beruflichen Aktivitäten ein Wissen von Diskursen.

Wenn solche Diskurs-Typen auch prinziell von den Einzelsprachen unabhängig sind, so hängen diese beiden historischen

Traditionen doch auch wiederum durchaus miteinander zusammen. Ein Geschäftsbrief folgt auf Deutsch anderen Regeln als ein Geschäftsbrief auf Französisch. Aber vielleicht ist die Beziehung zu einem kulturell-politischen Kontext noch wichtiger als die Beziehung zur Einzelsprache: Der deutschsprachige Geschäftsbrief in Deutschland unterscheidet sich durchaus von dem in Österreich. Geschäftliche Konversation verläuft in Amerika anders als in Japan, selbst wenn die Partner dieselbe Sprache sprechen und alle glauben, dass dies jetzt der Diskurs-Typ «geschäftliche Beratung» sei. Wir wissen, dass gerade auf dieser Ebene oft größere Probleme entstehen können als auf der Ebene der Sprachkenntnis im engeren Sinne. Jemand kann eine bestimmte Sprache gut können und in einem bestimmten Diskurs doch alles falsch machen, weil er die Regeln der entsprechenden Diskurstradition nicht kennt. So hat z. B. einmal eine italienische Doktorandin von mir, die ganz ausgezeichnet Deutsch konnte, begonnen, ihre Dissertation auf Deutsch zu schreiben. Wir haben zum Glück beide rasch bemerkt, dass es so nicht geht, dass man sich im Diskurs-Typ «wissenschaftlicher Text» in Deutschland anders ausdrückt als in Italien. Ich habe ihr vorgeschlagen, die Arbeit gemäß der entsprechenden italienischen (oder sogar eher südromanischen) Diskurstradition auf Italienisch zu schreiben. Es ist ein großartiges Buch geworden.

Weil es diese Zusammenhänge von Diskurs-Typen und Einzelsprachen gibt, ist es auch vernünftig, beim Sprachunterricht nicht nur die Grammatik und den Wortschatz zu lehren und zu lernen, sondern auch die Regeln bestimmter Diskurs-Typen. Der sogenannte «muttersprachliche» Unterricht ist sowieso eigentlich im wesentlichen ein Diskurs-Unterricht. Die Regeln der Grammatik und das Lexikon können die Muttersprachler ja schon. Sie lernen ihre Sprache in der Schule schreiben, und sie lernen vor allem, bestimmte Texte zu verfassen (Aufsätze, Geschäftsbriefe, Bewerbungen, Gedichte) oder bestimmte Reden zu halten (Referate, Diskussionen) bzw. diese Diskursarten zu verstehen. Ausdrückliches Üben der Grammatik, also z. B. Deklinieren eines Nomens, Konjugieren eines Verbs, und das Lernen von Vokabeln und ihrer Bedeutungen wird hier – im Gegensatz zum Fremdsprachenunterricht – weniger praktiziert. Aber auch der Fremdsprachenunterricht ist eben nicht nur das Lernen von Grammatik und Wortschatz (langue), sondern eben auch Einüben in Diskurse in der fremden Sprache. Gerade hierin unterscheidet sich interessanterweise der Unterricht in den sogenannten «lebenden» Sprachen vom Unterricht im Lateinischen und Griechischen: Da man das Lateinische niemals sprechen oder schreiben muss, genügt es völlig, Grammatik und Lexikon zu lernen. Als eine der wenigen Diskurs-Regeln lernt man im Latein-Unterricht vielleicht, wie man Hexameter und Pentameter liest. Aber man muss nie mit jemandem auf Lateinisch sprechen, und man muss niemandem auf Lateinisch einen Brief schreiben oder einen sonstigen Text verfassen. Das «Leben» der «lebenden» Sprachen besteht also gerade in ihrer Verwendung in bestimmten Diskursen, was das Erlernen «lebender Sprachen» erheblich kompliziert.

4.2. Rhetorik Auf das Sprach-Gebiet des Diskurses bezieht sich auch die heute wieder so wichtig gewordene Rhetorik. Sie ist ein – zumeist praktisch orientiertes, also auf die tatsächliche Produktion von Diskursen gerichtetes – Wissen über Regeln der Rede, das klar jenseits der Einzelsprache angesiedelt ist. Sprechen können und eine bestimmte Sprache können muss man schon, wenn man Rhetorisches lernt. Die Rhetorik folgte daher in den alten Schulen konsequenterweise auch auf die Grammatik. Diese ist die Grundlage für die Rede, ohne eine bestimmte Einzelsprache kann man keine Rede halten. Die rhetorischen Regeln für die Rede sind aber nicht einzelsprachlich, nicht deutsch, griechisch oder russisch. Ursprünglich war Rhetorik das Wissen von guter öffentlicher Rede und, als didaktisches Geschehen, die Unterweisung im professionellen Reden. Das ist sie auch heute noch. Wenn Sie heute für viel Geld einen «Rhetorik-Kurs» buchen, so erhalten Sie genau dies: Anweisungen zum Reden und ein Training, wie Sie sich im beruflichen Bereich als Redner verhalten sollen (zuhause kommen sie zumeist ohne solche Anweisungen aus). Es geht dabei vor allem um den Diskurs-Typ der «Präsentation», also darum, wie Sie ein Produkt, ein Wissen, eine Überzeugung in monologischer Rede erfolgreich sprachlich darstellen, und um erfolgreiche Strategien im «Gespräch» (dies ist aber eigentlich schon das Gebiet einer anderen Disziplin, der «Dialektik», der dritten klassischen Sprach-Disziplin nach Grammatik und Rhetorik). «Erfolgreich» heißt, dass Ihr Zuhörer Ihnen gern folgt, Ihr Produkt kauft, Ihr Wissen oder Ihre Überzeugung übernimmt. Das war auch in der Antike so, die ja die Rhetorik erfunden hat: Das Modell der Rede war die öffentliche Rede vor Gericht, vor der Volksversammlung oder im Senat, also eine extrem aristokratische Angelegenheit. Auch die Rhetorik-Seminare heute sind Veranstaltungen für Eliten.

Die alte Rhetorik unterschied zwischen einer vorbereitenden, einer formulierenden und einer ausführenden Phase der Rede, bzw. zwischen drei Ausführungsetappen der Rede: Zuerst musste bedacht werden, was man sagen wollte, dann musste man an die sprachliche Formulierung dessen gehen, was man sagen wollte, und schließlich musste man das Formulierte auch «aufführen», also den Zuhörern vortragen. Die erste Phase umfasst *inventio* und *dispositio*, das Finden und das Arrangement der Inhalte der Rede. Die sprachliche Formulierung war die *elocutio*. Die tatsächliche Performanz war die *pronuntiatio* (nachdem man die Rede auswendig gelernt hatte: *memoria*). Bei der pronuntiatio wurde an die gesamte Erscheinung des Redners gedacht, nicht nur an die Stimme, also das eigentliche Medium der Sprache. Das körperliche Verhalten des Redners war ebenso wichtig (wir haben ja gesehen, dass wir nicht nur mit der Sprache sprechen). Die lateinische Rhetorik nannte das erste *vox*, Stimme, und das zweite *actio*, Handlung, Gebärde. Beim heutigen Rhetorikseminar wird vor allem auf die pronuntiatio, auf die Performance, geachtet. Von vox und actio steht vielleicht sogar die actio im Vordergrund, also das körperliche Verhalten des Redners: wie steht er da, welche Bewegungen macht er, schaut er die Zuhörer an etc.? Das Arrangement der Inhalte spielt die zweite Rolle. Am wenigsten geübt wird beim heutigen Rhetoriktraining die elocutio, also die sprachliche «Formulierung» und die Ausschmückung der Sprache, der *ornatus*, wie das auf Lateinisch hieß, ganz einfach deswegen, weil ich an einem Wochenende nicht die Fülle möglicher «Ausschmückungen» lernen und üben kann, wohl aber schon, wie ich meinen Körper und meine Stimme bei einer Rede einsetze.

Diese Betonung der pronuntiatio im heutigen Rhetorik-Geschäft zeigt, dass es vor allem um mündliche Rede geht. In der auf geschriebene Texte ausgerichteten Rhetorik-Schulung, z. B. im Rahmen des literaturwissenschaftlichen Curriculums, geht es dagegen um die Regeln der sprachlichen Ausschmückung, um die *elocutio*. Ein Redner mit seiner Stimme und seinem Körper kommt in schriftlicher Kommunikation ja gerade nicht mehr vor, es liegt nur der Text vor. Daher werden hier nun die sogenannten rhetorischen Figuren behandelt, die die sprachliche Formulierung beleben und variieren. Um ein schon bemühtes einfaches Beispiel zu geben: Es ist extrem langweilig, immer «die deutsche Regierung» zu sagen. Daher empfiehlt die Rhetorik, diese auch einmal «Berlin» zu nennen: «Berlin zeigt sich zurückhaltend gegenüber den Vorschlägen der amerikanischen Regierung». Dies ist eine Metonymie, wo statt des «eigentlichen» Wortes für die Sache etwas genannt wird, was mit der Sache zusammenhängt. In diesem Fall ist es der Ort, an dem sich die genannte Regierung befindet. Statt «die Bundeskanzlerin» könnte jemand «die christdemokratische Löwin» sagen, also eine Metapher verwenden: Die Metapher stellt eine Gleichung zwischen zwei Inhalten her, die besonders belebend wirkt, weil sie etwas zum Denken gibt.

An diesen beiden berühmtesten rhetorischen Figuren wird auch noch einmal deutlich, dass die Diskurs-Verfahren primär nichts mit einer bestimmten Einzelsprache zu tun haben. Natürlich muss ich die Wörter einer bestimmten Sprache kennen, ich muss also wissen, was das deutsche Wort «Löwin» heißt. Aber dabei geht es eher um Weltwissen als um Sprachwissen. Das Verfahren, etwas durch die Benennung von etwas zu benennen, das mit diesem Etwas irgendwie verbunden ist, ebenso wie das Verfahren, etwas durch etwas ganz anderes zu bezeichnen, aktiviert das Wissen von den Sachen. So muss ich wissen, dass die deutsche Regierung in Berlin sitzt, um die Metonymie «Berlin» machen und verstehen zu können. Ebenso muss ich das kulturelle Wissen über den Löwen (Stärke, Größe, König der Tiere) abrufen können, um die Metapher von der christdemokratischen Löwin zu verstehen. Gerade deswegen ist es natürlich auch nicht ausgeschlossen, dass ich die Metapher «das christdemokratische Gnu» schaffe, die den Zuhörer zwingt, sein Wissen über dieses eher seltene Tier zu aktivieren. Die sogenannte kühne Metapher gibt mehr zu denken.

5. Rede

5.1. Rede des Einzelnen Alle die verschiedenen Aspekte des Sprechens, von denen wir bisher gesprochen haben – das Sprechen als allgemein menschliche Tätigkeit, die Sprache als historische Art und Weise des Sprechens einer Sprachgemeinschaft, die Traditionen der Diskurse –, treffen nun zusammen in jedem Sprechen jedes Individuums. In jeder Sprachäußerung konvergieren alle universellen und historischen Dimensionen des Sprechens: Das sprechende Individuum handelt im Sprechen als dieses Individuum, aber gerade auch als Mensch überhaupt und als Angehöriger einer besonderen Sprachgemeinschaft und als Mitspieler in verschiedenen «Diskursgemeinschaften». Insofern ist das individuelle Sprechen der Ort, an dem das Universelle und das Historische der Sprache sich überhaupt erst manifestieren. Die universelle Tätigkeit des Sprechens hat ja keinen anderen Ort in der Welt als den der konkreten sprechenden Menschen. Und auch die englische, die deutsche, die griechische und alle anderen Sprachen existieren nur in den unendlichen Äußerungen der sie verwendenden Individuen. Wörterbücher und Grammatiken einer Sprache sind ja nicht die Sprache, sondern nur «Auslagerungen» aus den Köpfen und Praktiken der Sprecher einer Sprache, das heißt sie sind eigentlich unmögliche Versuche, das Fließende, nicht Festzuhaltende der Sprache zu fixieren. Auch Sonette, Geschäftsverhandlungen, Wettervorhersagen und Zeitungsartikel manifestieren sich konkret nur als Sprechen und Schreiben einzelner. Der Sprecher, der das Universelle und Historisch-Besondere manifestiert, schafft aber noch in der banalsten Äußerung jedesmal etwas Neues und völlig Unwiederholbares. Selbst wenn die Äußerung noch so konventionell oder geradezu rituell ist – wie z. B. ein alltäglicher Gruß –, so ist sie doch ein völlig neues und individuelles Ereignis: Es ist meine Stimme, an diesem Ort, zu dieser Stunde, hervorströmend aus diesem meinem Körper, wie du ihn jetzt vor dir siehst, die dir «Guten Morgen!» wünscht. Natürlich ist dieser Gruß nicht der Gipfel sprachlicher Kreativität, aber er ist eine echte Schöpfung. Er ist eine Handlung, also etwas intentional Gemachtes, einmalig und individuell, und doch nach den Regeln oder Modellen der menschlichen Gruppe, der der Sprecher angehört. Dergestalt ist ja menschliche Kreativität: Sie ist niemals eine Schöpfung aus dem Nichts, sondern eine Schöpfung in mehr oder minder dramatischer Auseinandersetzung mit den vorgegebenen Modellen der Gruppen, in denen wir leben. In diesem Sinne hat jeder Sprecher seine eigene Sprache: Wir sprechen nach den Regeln, die wir in unserer Gruppe gelernt haben, wir sind aber auch der Ort, an dem dieses Gemeinsame überhaupt existiert, *und* wir bringen auch unsere jeweilige Individualität mit ein in das Sprechen. Nicht nur die Stimme des Sprechers ist individuell (die Stimme ist allerdings so individuell, dass die Polizei aufgrund von Stimmanalysen Individuen zweifelsfrei bestimmen kann). Auch in den anderen Bereichen der sprachlichen Struktur, in der Wortwahl, in der Grammatik, in der Syntax treffen wir individuelle Entscheidungen. Und dass Individuen sich bei den Worten jeweils etwas Individuelles denken, ist ja eine alltägliche Beobachtung und seit Jahrhunderten der Grund der Kritik an der Sprache. Die Individualität des Sprechens ist die Quelle der geschichtlichen Veränderbarkeit der Sprache.

Humboldt hat das Verhältnis von vorgegebener Sprache und individuellem Sprechen einmal sehr eindringlich mit einem Kampf verglichen: Die Sprache komme dem Individuum aus der Vergangenheit und der Sprachgemeinschaft (Nation) wie eine fremde Macht entgegen, gegen die der einzelne Sprecher dann mit Gewalt seine Individualität in Anschlag bringe, in einem Kampf zwischen «Gesetzmäßigkeit» und «Freiheit». Eine richtige Revolution scheint hierbei nicht möglich zu sein. Sie ist in Wirklichkeit auch nicht wünschenswert, denn der Sprecher will ja verstanden werden. Das geht aber nur, wenn er das «Gesetz» nicht ganz außer Kraft setzt, sondern so spricht wie der Andere. Aber immerhin hinterlässt auch noch die kleinste individuelle sprachliche Betätigung Spuren in der Sprache: «Keiner denkt bei dem Wort gerade und genau das, was der andre, und die noch so kleine Verschiedenheit zittert, wie ein Kreis im Wasser, durch die ganze Sprache fort» (Humboldt VII: 64).

Der systematische Ort jenes Kampfes zwischen Sprache und individuellem Sprecher ist sicher weniger die alltägliche Rede (obwohl sie wohlgemerkt immer auch ein absolut individuelles Ereignis ist), die zumeist gerade um Konformität bemüht ist, als die Literatur im weitesten Sinne, also dort, wo größere Reden und Texte geschaffen werden und wo die Sprecher ganz besonders auf die Sprache achten, wo Sprechen, um Humboldt erneut zu zitieren, im emphatischen Sinn eine «Arbeit des Geistes» ist. Am komplexesten und raffiniertesten geschieht dies sicher in der Lyrik. Dies ist allen Sprachteilnehmern intuitiv klar. Ich kann mich daher damit begnügen, dies hier nur kurz anzudeuten.

WER, wenn ich schriee, hörte mich denn aus der Engel
Ordnungen? und gesetzt selbst, es nähme
einer mich plötzlich ans Herz: ich verginge von seinem
stärkeren Dasein. Denn das Schöne ist nichts
als des Schrecklichen Anfang, den wir noch grade ertragen,
und wir bewundern es so, weil es gelassen verschmäht,
uns zu zerstören. Ein jeder Engel ist schrecklich.

Die Komplexität eines solchen sprachlichen Gebildes erschöpfend darzustellen, ist ganz unmöglich. Eine Beschreibung dieses individuellen Sprechens würde aber z. B. folgendes feststellen: Am Anfang der *Duineser Elegien* stellt Rilke im Irrealis des Konjunktiv Imperfekt seine berühmte Frage, die damit schon eine Unmöglichkeit behauptet, nämlich: «kein Engel wird mich hören». Die Frage wird dann in strenger logischer Argumentation – «und wenn mich ein Engel hören würde, dann würde ich vergehen» – zur berühmten Konklusion geführt: «Ein jeder Engel ist schrecklich». Das doppelte w «wer, wenn» und die vorwiegend hellen Vokale – e e i i e ö i e au e e e – geben dem ersten Vers seine besondere Lautgestalt. Das Wort «Engel» am Ende des ersten Verses evoziert ein großes und hoch bedeutsames semantisches Feld, die ganze Tradition der christlichen Religion und ein Imaginarium der Kindheit. Das Metrum der klassischen Elegie bedingt, dass die beiden *und* in diesem Gedicht betont sind. Und so weiter. Die Leser des Gedichts können diese Andeutungen selbst weiter ergänzen.

Wie die von den großen literarischen Texten ausgehende «Verschiedenheit» dann durch die ganze Sprache «fortzittert», kann an diesem Beispiel schon allein anhand der Textstücke gezeigt werden, die als Sprichwörter ganz unabhängig von diesem Gedicht in der Sprache weiterleben: «das Schöne ist nichts als des Schrecklichen Anfang» und «ein jeder Engel ist schrecklich» sind Teil der deutschen Phraseologie geworden, haben sich also in den Wortschatz der deutschen Sprache eingefügt.

Es ist klar, dass man eine kleine Abhandlung schreiben müsste, um diesen individuellen Text auch nur annäherungsweise als Individuum zu charakterisieren. Systematisch ist dies die hauptsächliche Aufgabe der Literaturwissenschaft, die deshalb eine der wichtigsten sprachthematisierenden Disziplinen ist. Sie thematisiert Sprache dort, wo sie ganz konkret als Rede vorkommt, wo die Rede ihr schöpferisches Potential entfaltet und ihren «gewaltsamen» Kampf gegen die Macht der Sprache ficht, wo die «Arbeit des Geistes», als die Humboldt Sprache definiert hat, in ihrer Mühsal und ihrem Glanz beobachtet werden kann.

5.2. Poetisch Diese Bemerkungen zum individuellen Sprechen verweisen auf eine Qualität des Sprachlichen, die wir bisher noch nicht hinreichend hervorgehoben haben: auf das Poetische. Ich meine damit nicht, wie es unser Gedichtbeispiel nahezulegen scheint und wie man es so oft liest, dass Sprache auch «poetisch» verwendet werden kann, dass es sozusagen über ihren praktischen, alltäglichen Gebrauch hinaus auch noch eine «künstlerische» oder «schöne» Verwendung der Sprache gibt, eine Verwendung, die von der «normalen» Sprache abweicht und gleichsam parasitär auf der «normalen» Sprache aufsitzt. Das ist das übliche Bild des Verhältnisses von Sprache und Sprachkunst. Es beruht aber auf einer Dualität, die für das Verständnis von Sprache (und Dichtung) fatal ist. Sprache wird in dieser Opposition nämlich als etwas rein Praktisches betrachtet oder – in einer weiteren Reduktion – sogar als etwas «Rationales». Was das letztere angeht, so ist noch einmal daran zu erinnern, dass Sprache immer – in den Bühlerschen Termini – Darstellung, Kundgabe und Appell ist, dass eben immer auch die gesamte psychisch-emotionale Energie des Menschen beim Sprechen beteiligt ist. «Rational» wird die Sprache – wegen der Trennung von Sprecher und Antworter – tendenziell allenfalls in ihrer schriftlichen Form. Aber ich meine mit dem Poetischen auch nicht das Emotionale, das Expressive und das Appellative. Poesie und Kunst sind nicht, wie eine schlechte, pseudo-romantische Ideologie meint, Ausdruck von Emotionen. Als ob Goethe seine Gedichte im schöpferischen Rausch gedichtet und Beethoven in Sturmnächten auf dem Kahlenberg seinen Gefühlen in den Kompositionen freien Lauf gegeben hätte. Natürlich bedienen allerlei Geschichten von Künstlern diese Klischees und damit das Konzept von Kunst als «Ausdruck» von Emotionen oder Triebentladung. Ich meine mit dem Poetischen der Sprache vielmehr die Tatsache, dass jede sprachliche Äußerung Manifestation einer überschüssigen menschlichen Kreativität ist, die das ausmacht, was den Menschen von den anderen Lebewesen unterscheidet.

Die naturwissenschaftlichen Forschungen zum Menschen haben in den letzten Jahrzehnten die Differenz zu den Tieren, insbesondere zu den Primaten, immer weiter reduziert. Washoe, Kanzi und Lana (die berühmten sprachlernenden Schimpansen) sind uns sehr nahe gekommen. Das ist ungeheuer wichtig für unser Selbstverständnis gewesen, das tut uns und den Tieren gut. Aber auch die avancierteste Forschung steht dann schließlich immer wieder vor einem nicht erklärbaren Rest, der jedoch für die Menschwerdung des Affen (wie Friedrich Engels das in schönstem Vulgärmaterialismus nannte) entscheidend ist. Und dieser kleine, nicht erklärbare Rest hängt nun gerade mit der Sprache zusammen. Sprache ist gewissermaßen der Inbegriff dieses kleinen Rests. Wir wissen nicht wirklich, wieso der Mensch diesen Schritt in die Sprache und damit in die Menschheit getan hat. Dieses Unerklärbare ist das Poetische der Sprache und des Menschen.

Natürlich «erklärt» der Ausdruck «poetisch» nichts, aber er beschreibt, was hier geschieht: ein Schaffen um des Schaffens willen, eine zweckfreie Produktivität, etwas Überschüssiges, vielleicht eine Feier des Lebens selbst. Zwei bedeutende Sprachdenker möchte ich für diese Auffassung als Zeugen anführen: Noam Chomsky und Wilhelm von Humboldt. Chomsky, dessen Reduktion der Sprache auf «Kognitives» wir durchaus kritisch gegenüberstehen, hat aber gerade durch diese Reduktion das Unnütze und damit Überschüssige der Sprache – das Poetische – gesehen. Sprache sei nicht nützlich, also auch nicht wesentlich für Kommunikation im «normalen Leben» geschaffen, sondern: «Sprache ist als ein System angelegt, das ‹schön›, aber im allgemeinen unbrauchbar ist. Es ist für Eleganz geschaffen, nicht für den Gebrauch» (Chomsky 1991: 49). Auch Wilhelm von Humboldt, in dessen Tradition sich Chomsky ja gern stellt, bestätigt schon früh das Fazit der modernen Biologie, dass nicht «Not» (Kundgabe), «Absicht» (Appell) und «gesellige Mittheilung» allein die menschliche Sprache haben entstehen lassen, sondern etwas, das er «das Poëtische» (VI: 156) nennt, das «Gefallen am Sprechen» (ebd.): «Die Worte entquillen freiwillig, ohne Noth und Absicht, der Brust, und es giebt wohl in keiner Einöde eine wandernde Familie, die nicht schon ihre Lieder besässe, denn der Mensch, als Thiergattung, ist wesentlich ein singendes Geschöpf, nur Ideen mit den Tönen verbindend» (VI: 156f.).

Und weil das so ist, sind Poesie und Dichtung nicht das Andere der Sprache, sind sie kein abweichendes sprachliches Handeln, sondern gerade die Sprache selbst. In ihr kommt der

Mensch als «Thiergattung» zu sich selbst, sprechend, das heißt singend, Ideen mit Tönen verbindend, artikulierend, in jeder Äußerung des einzelnen sprechenden Menschen, aber am schönsten und freiesten in der Dichtung.

6. Sprach-Fragen

Nachdem ich nun von den universellen Eigenschaften des Sprechens durch die historisch-partikularen Verschiedenheiten der Sprachen in die individuelle Rede hinabgestiegen bin und damit die drei Dimensionen des Sprachlichen und des Menschlichen durchschritten habe, möchte ich im letzten Drittel meines kleinen Buchs noch einige große Fragen aufgreifen, die heute oft in Bezug auf die Sprache gestellt werden und die ich im bisherigen Zusammenhang nur gestreift habe.

6.1. Sprache und Schrift In den öffentlichen Diskussionen wird oft, wenn von Sprache die Rede ist, die Sprache in ihrer schriftlichen Manifestationsform gemeint. Die deutsche Sprache sei in Gefahr, hörte man in den langen Diskussionen um die Rechtschreibreform. Bei Rechtschreibfragen geht es aber zunächst einmal nur um die Art und Weise, wie Sprache mittels eines visuellen Mediums wiedergegeben werden soll. Die gesprochene Sprache ist davon erst einmal überhaupt nicht betroffen. Im gesprochenen Deutschen wird – wie immer das geschrieben wird – zum Beispiel natürlich weiter ein Unterschied gemacht zwischen «ich möchte dich wíedersehen» und «ich möchte dich wieder séhen», d. h. die unterschiedliche Betonung, die ja Verschiedenes bedeutet, wird im Gesprochenen auch dann gemacht, wenn die Orthographie (neu: *Orthografie*, ein wirkliches graphisches Monstrum) den Unterschied nicht mehr wiedergibt und beides «ich möchte dich wieder sehen» schreibt. Es hatte sich bei dem Vorschlag zum Auseinanderschreiben also nicht die Sprache, sondern nur die Beziehung zwischen dem Gesprochenen und dem Geschriebenen verschlechtert. An anderer Stelle hatte sich diese Beziehung allerdings auch verbessert: Die neue Aufteilung von ss und ß entspricht der im gesprochenen Deutschen wichtigen Opposition zwischen langem und kurzem Vokal, das alte Muster *Masse – Maße* wurde generalisiert. Die Sorge um die deutsche Sprache war genauer eine Sorge um die Schrift-Sprache. Das ist auch ganz verständlich in einer Kultur, in der Sprache gerade in ihrer schriftlichen Form große Verbreitung und Verwendung findet. In unseren literalen Kulturen sind Sprachen so innig mit der Schrift verwoben, dass es durchaus nicht abwegig ist, hier nicht immer scharf zu trennen.

Die Linguistik hat zwar versucht, sich von der Schrift zu befreien, der sie doch ihre Existenz verdankt (ohne Schrift keine Linguistik). Sie hat gleichsam so getan, als sei die gesprochene Sprache die einzige und einzig legitime Existenzform der Sprache. Sie hat sich sozusagen in einen bewussten Primitivismus zurückgedacht (was ohnehin in ihrer Tendenz liegt: Sie ist ja vorzugsweise eine Wissenschaft des «Wilden», des «Natürlichen», der schriftlosen Kulturen). Der Phonograph war gleichsam das ihrem Phonetismus gemäße Gerät, er hat die Linguistik von der Schrift befreit, wie sie meinte. Aber die sie umgebende Gesellschaft ist eine Gesellschaft, in der Sprache in zweifacher Form – als gesprochene und als geschriebene – vorkommt. Dass und wie die Schriftlichkeit nicht nur die Sprach-Kultur insgesamt radikal verändert, hat Walter Ong (1982) dargestellt. Ohne aufgeschriebene Sprache wäre z. B. so gut wie kein oder nur ein sehr langsamer technischer und kultureller Fortschritt möglich, das heißt unsere gesamte moderne Zivilisation basiert auf der Schrift. Orale Kulturen sind insgesamt «homöostatisch», das heißt sie wiederholen im wesentlichen das, was das Gedächtnis fassen kann. Die Explosion des Wissens und die Dynamik neuer Entwicklungen sind ohne schriftliche Aufzeichnungen, ohne die ungeheure Fassungskraft der Schrift nicht zu denken. Es ist daher tatsächlich unsinnig, zu einer von der geschriebenen völlig getrennten Sprache zurückkehren zu wollen. Die Schrift erregte vor allem deswegen den Zorn der Linguisten, weil sie den vermeintlich «natürlichen» Entwicklungsgang der Sprache störe und verfälsche. Der große Schweizer Sprachwissenschaftler Ferdinand de Saussure beklagt in seinem für die moderne Linguistik grundlegenden Werk ausführlich, wie die Schrift sich in die Sprache «einmischt» und damit die «natürliche» Entwicklung der Sprache verfälscht (Saussure 1916/75: 44 ff.). So sei etwa die Tatsache, dass man das t in *sept femmes* tatsächlich ausspreche [sɛtfam], eine Folge der Schrift. Das ist natürlich völlig richtig, es ist nur nicht weiter bedauerlich. Der Fall zeigt nur, dass die geschriebene Sprache auf die gesprochene Sprache zurückwirkt, und er zeigt des weiteren, dass man Abschied nehmen muss von der Vorstellung einer «natürlichen» Fortentwicklung der Sprache. Auch die gesprochene Sprache ist nicht «natürlich», auch die gesprochene Sprache ist eine Kultur-Technik und keine Natur-Technik. Daher ist auch ihre – nicht durch die Schrift beeinflusste – Weiterentwicklung keine natürliche, sondern eine kulturelle.

Nun, der von Saussure beklagte Fall zeigt, dass gesprochene Sprache heute überhaupt nicht mehr von geschriebener Sprache getrennt werden kann. Und insofern haben die erwähnten Kritiker der Rechtschreibreform Recht, dass es sich dabei um einen Eingriff in die deutsche «Sprache» handelt. Diese ist in ihrer geschriebenen Form in der heutigen Kultur und Gesellschaft mindestens so präsent wie die gesprochene. Die deutsche Sprache erscheint – wie die anderen Sprachen in modernen Kulturen auch – in zweifacher medialer Ausprägung. Die Sorgen und Diskussionen im Zusammenhang mit der Rechtschreibreform waren daher tatsächlich Sorgen und Diskussionen um die deutsche Sprache. Allerdings ist die auch dabei zu vernehmende Klage, es werde durch solche Eingriffe die «natürliche» Entwicklung der Sprache gestört, ein Irrtum: Schrift entwickelt sich noch weniger «natürlich» als gesprochene Sprache. Schrift und die Arten und Weisen des Schreibens der Sprache sind immer von bestimmten Menschen gesetzt. Das zeigt sich nur nicht immer so deutlich wie in dem Moment, in dem eine staatliche Institution festsetzt, wie geschrieben werden soll.

Wie stark das geschriebene Deutsch das gesprochene Deutsch beeinflusst und verändert hat, bzw. wie untrennbar beides zusammengehört, zeigt die Sprachgeschichte in aller Deutlichkeit. Dass sich eine deutsche Allgemeinsprache entwickelt hat, ist zunächst eine rein schriftliche Angelegenheit: Man muss sich ja vorstellen, dass das Deutsche in der Vergangenheit eine dialektal stark fraktionierte Sprache war – und bis heute geblieben ist: Was man sprach und hörte in «Deutschland» waren Dialekte. Seit dem 16. Jahrhundert – mit der Reformation, mit der Ausbreitung der Druckerkunst, mit der Einrichtung eines immer allgemeiner werdenden Schulwesens – verbreitet sich das Lesen und das Schreiben auf «Deutsch». Dieses Deutsch ist zunächst eine «Schreibe», es hat also sozusagen gar keinen lautlichen Körper. Aber dieses Geschriebene wurde ja auch laut vorgelesen, die Aussprache dieser Schreibe musste aber erst noch gefunden werden – und wurde dann auch gefunden. Umgekehrt mussten die dialektsprechenden Deutschen – das heißt alle – ihre Worte gleichsam wieder in diese Schreibe übersetzen, wenn sie schreiben wollten. Wie dialektal das Geschriebene im 18. Jahrhundert noch konzipiert war, kann man ja an den beiden in dieser Hinsicht berühmten Dichterstellen ablesen: «Ach neige, du schmerzensreiche» reimt sich nur, wenn man g und ch hier frankfurterisch als [ž] ausspricht. Auch Schillers «dies alles ist mir untertänig, begann er zu Ägyptens König» reimt sich nur schwäbisch ausgesprochen, nicht in der schriftlichen Form.

Die geschriebene Sprache wölbt sich zunächst als gemeinsame Schreibsprache der Deutschsprachigen über die verschiedenen Dialekte als den gesprochenen Formen des Deutschen. Aber diese geschriebene Sprache findet dann auch eine lautliche Form, die sich schon im 18. und 19. Jahrhundert in Deutschland zu verbreiten beginnt – zunächst wohl durch das Theater, das die geschriebenen Stücke aufführen, also sprechen musste, dann offensichtlich durch die Schule. Im 20. Jahrhundert verbreiten Radio und Fernsehen die gesprochene Norm. Genauer gesagt sind es im deutschsprachigen Raum eigentlich drei – aber nicht sehr unterschiedliche – Norm-Aussprachen: die deutsche, die österreichische und die schweizerische. Es ist aber – das ist ja unser Argument – ganz eindeutig so, dass die Schrift hier eine gesprochene Sprache schafft, die es ohne sie nicht gegeben hätte. Und diese aus der Schrift geborene Sprache breitet sich aus den Theatern, Schulen und öffentlichen Auftritten dann auch in die Familien aus und wird die «Muttersprache» vieler Deutscher, so sehr, dass ja tatsächlich viele Dialektsprecher den Dialekt aufgegeben haben. Das geschah in Deutschland aber regional und sozial in ganz verschiedenem Ausmaß: Die Mitte und der Norden Deutschlands, und dort vor allem die Bourgeoisie, ist massiv zur Schriftsprache übergelaufen: Der alte Buddenbrook – zu Beginn des 19. Jahrhunderts – sprach noch niederdeutsch und französisch: Niederdeutsch für den Alltag, als Sprache der Nähe, Französisch für die «höheren» Kommunikationssituationen, als Sprache der Distanz (Koch/Oesterreicher 1985). Die nächste Generation der Buddenbrooks aber spricht deutsch, wobei das Deutsche beide Funktionen übernahm: die Funktion der Sprache der Nähe und die Funktion der Sprache der Distanz. Im Süden der deutschsprachigen Länder ist das «Deutsche» sehr viel eingeschränkter präsent: In der Schweiz bleibt es mehr oder weniger eine Schreibe und wird nur in formalen Gesprächssituationen – Schule, Vorlesungen, Nachrichten, offizielle Reden, in typischen Distanz-Situationen also – gesprochen. Niemand spricht in der Familie oder im Freundeskreis, in der Nähe, «schriftdeutsch».

In den modernen Sprachgemeinschaften stellt sich Sprache immer als ein Gefüge dar, in dem sich gesprochene Sprache und geschriebene Sprache innig verschränken. Dies ist, wie gesagt, geradezu ein kulturelles Merkmal aller modernen Gesellschaften, in denen die mediale Revolution der Druckkunst die Verbreitung geschriebener Sprache in ungeheurem Ausmaß ermöglicht hat und neue gesprochene Sprachen überhaupt erst hervorgebracht hat. Die modernen Nationalsprachen sind überall in Europa aus geschriebenen Formen hervorgegangen, die sich zunächst auch schriftlich ausgebreitet haben und dann auch in ihrer gesprochenen Form immer weitere Anwendungsgebiete gefunden haben. Dieser Prozess ist durch die modernen Medien enorm verstärkt worden. Die antike und mittelalterliche Schriftsprachlichkeit, die eine Sache kleinster Eliten war und die nur sehr geringe Vervielfältigungsmöglichkeiten ihrer Texte hatte (Abschriften), hatte die gesprochenen Sprachen der Völker dagegen nicht wirklich tangiert.

Die innige Verwobenheit von schriftlicher und gesprochener Sprache wird durch die neuen Medien noch deutlicher. Auch wenn allgemein über die schlechter werdende Schreibkompetenz der Jugend geklagt wird, ist vermutlich noch nie so viel geschrieben worden wie heute in den neuen Medien: SMS, Chats und Blogs sind schriftliche Formen des Sprechens, die sehr viel Zeit sehr vieler Menschen in Anspruch nehmen. Interessant ist daran nun, dass hier Elemente mündlicher Sprache massiv ins Schriftliche hineinwirken. Es ist ja eine Schriftlichkeit, die gleichsam der Aufsicht der Kontroll-Instanzen der Schriftlichkeit entzogen ist: Im Chat kann ich – wie bei einem privaten Gespräch – so schreiben, wie mir der Schnabel gewachsen ist. Ob das die guten Sitten des normgerechten Schreibens auch außerhalb dieses eher privaten Schreibens verdirbt, ist noch nicht recht ausgemacht. Wahrscheinlicher scheint mir, dass die Schreiber über verschiedene Varietäten der Schriftsprache verfügen, so wie die Sprecher auch verschiedene situationelle Register der gesprochenen Sprache beherrschen: eine Nähe-Schrift und eine Distanz-Schrift.

Die Menschheit hat in ihrer Entwicklung natürlich nicht gleich von Anfang an im modernen Sinne zu schreiben begonnen, und es gibt ja viele Kulturen ohne Schrift. Aber wir Menschen kommunizieren nicht nur mittels akustisch wahrnehmbarer phonetischer Signale, sondern auch vermittels visuell wahrnehmbarer gestischer Signale – von Anfang an. Und die Sprachlichkeit des Menschen ist nicht ausschließlich an den Laut und das Hören gebunden, auch wenn sie sich normalerweise im phonetisch-auditiven Medium ausdrückt. Auf der Präsenz des Visuell-Gestischen von Anfang an basiert ja die Möglichkeit, dass Menschen, die keine Töne produzieren oder hören können, ihre Sprachlichkeit im visuell-gestischen Medium voll ausprägen können. Der Irrtum ist längst und gründlich beseitigt, dass die Gebärdensprache der Gehörlosen keine «richtige» Sprache sei. Es ist eine richtige Sprache. Die Dualität von

Stimme und Gebärde ist von vornherein gegeben – und übrigens auch von den klugen anthropologischen Beobachtungen alter Philosophen schon lange behauptet worden, z. B. von Giambattista Vico und von Condillac im 18. Jahrhundert. Vico hat sogar scharfsinnig bemerkt, dass die «Sprachen und die Schriften als Zwillinge geboren werden» (Vico 1744: 33).

6.2. Sprache und Kultur Dass soziale, landschaftliche, geschlechtliche, generationelle, situationelle und mediale Bedingungen die Sprache beeinflussen, wie wir im Abschnitt über die Sprachen gezeigt haben, heißt auch, dass sich die Sprecher mit allen ihren natürlichen und kulturellen Eigenschaften in das Sprechen einbringen: Ein Sprecher gehört z. B. der Mittelschicht an, ist Frankfurter, männlich, alt, in einer informellen, privaten Beziehung zum Gesprächspartner stehend, sprechend (nicht schreibend) etc. In ihrer sprachlichen Sozialisation lernen die Sprecher nicht nur – worauf sich die Spracherwerbsforschung vor allem bezieht – die strukturellen Regeln einer bestimmten Einzelsprache (Einwortsätze, Zweiwortsätze, grammatische Sätze, Wortschatz), sondern auch ein komplexes Wissen über sprachliche Variation. Je vielfältiger ein Sprecher den verschiedensten Variationsparametern ausgesetzt ist, desto eher wird er über eine ausgefächerte sprachliche Variationsfähigkeit verfügen. Natürlich gibt es Menschen, die ihr ganzes Leben lang in einer sehr homogenen Sprechumgebung verharren, etwa in einer bestimmten dörflichen Umgebung, aus der höchstens der obligatorische Schulbesuch mit seinem Schreib- und Sprech-Training einmal herausführt, und die daher auch kaum sprachliche Variation praktizieren müssen. Allerdings scheint mir das in der heutigen Gesellschaft immer seltener zu werden. Schon die Omnipräsenz der Medien setzt ja fast jeden Menschen der dort erlebbaren großen sprachlichen Variation aus (die er also zumindest passiv wahrnimmt). Und die – sei es auch nur zeitweise – Mobilität ist auch im dörflichen Bereich inzwischen so groß, dass Variationserfahrungen unausweichlich sind. Aber in der dörflichen Welt meiner Kindheit in der Mitte des zwanzigsten Jahrhunderts herrschte noch eine große sprachliche Homogenität. Die Fähigkeit zur sozialen, medialen und situationellen Variation der Sprache, die später ausgebaut wird als der frühkindliche strukturelle Spracherwerb, ist sicher keine geringere Errungenschaft als dieser.

Mit den Parametern der Variation ist auch das angesprochen, was man unter dem Etikett «Kultur» zu verhandeln pflegt. Kultur ist die vom Menschen selbst gemachte gesellschaftliche Umwelt. Giambattista Vico nennt diese den *mondo civile,* im Gegensatz zum *mondo naturale,* der natürlichen Welt. Der Ausdruck *civile* deutet auf den «gesellschaftlichen» oder «politischen» Charakter von «Kultur». Man könnte nun meinen, dass einige der genannten Aspekte «natürlich» seien, etwa das Geschlecht der Sprecher. Das ist sicher so. Aber was wir oben (3.9.) angesprochen haben, waren nicht die natürlichen, sondern die kulturellen Aspekte des Geschlechts. Dass jemand die Stimme eines Mannes oder einer Frau hat, das hängt von der Natur ab. Dass aber die Weiblichkeit in der Syntax, in der Grammatik oder im Wortschatz markiert wird, das hat mit der Natur überhaupt nichts zu tun, sondern ist vom Menschen gemacht. Das sieht man schon an der Tatsache, dass diese Markierungen von Sprachgemeinschaft zu Sprachgemeinschaft variieren bzw. auch fehlen können: Im Deutschen werden das Adjektiv oder das Partizip nicht hinsichtlich des Genus ausgezeichnet: «ich bin wütend» und «ich bin gegangen» ist – anders als im Französischen – für Frauen und Männer gleich. Und weder im Französischen noch im Deutschen muss sich eine Sprecherin in jedem Satz als Frau sprachlich kennzeichnen, wie das im Japanischen der Fall ist. Ob das nun wieder mit weiteren Kultur-Phänomenen wie dem Konfuzianismus zu tun hat, ist eine andere Frage. Fraglos aber ist, dass dies nicht «natürlich» ist. Darüber hinaus kann auch etwas, das völlig natürlich scheint, gerade kulturell überformt sein: So hat sich bei Sprecherinnen in vornehmen Vierteln der französischen Hauptstadt die Tradition erhalten, mit besonders hoher Stimme zu sprechen, eine Art – sicher aus der aristokratischen Kultur ererbter – «Marquisen-Akzent», ebenso wie andererseits in den USA die tiefen Stimmen der Männer ganz offensichtlich kulturell verstärkt werden: «richtige» amerikanische Männer haben richtig tiefe Stimmen.

Auch die Tatsache, dass sich dieses Varietätengefüge in ziemlich kurzer Zeit (auch ziemlich radikal) verändern kann, weist darauf hin, dass es sich nicht um Naturvorgänge handelt. In Frankreich sind etwa die regionalen, dialektalen Formen des Französischen des Zentrums seit der Revolution weitgehend verschwunden, weil die Sprecher der Landschaften um Paris (wie auch die Bürger der anderen Städte Frankreichs) die städtische Pariser Variante des Französischen angenommen haben. Ähnlich ist ja auch in Norddeutschland – außer in sehr bäuerlichen Umfeldern – das Niederdeutsche verschwunden, an dessen Stelle eine Form des Standarddeutschen mit niederdeutschem Substrat getreten ist, sicher eine Wirkung des Prestiges der Schriftsprache gerade in diesen protestantischen Gegenden.

Die Schriftlichkeit verweist uns auf das Hauptgebiet der Rede von «Sprache und Kultur». Oft ist damit nämlich die innige Beziehung einer Sprache mit der in ihr sich ausdrückenden *Literatur* gemeint. Mit «Kultur» meint man dann im wesentlichen die gesamte *geschriebene* Text-Welt, die in der entsprechenden Sprache geschaffen wurde, vor allem das Universum der literarischen «*Hoch*-Kultur». Und man spricht dann von «Kultur-Sprache». Dies ist die Sprache, die jene – oft komplizierte und unendlich ausdifferenzierte – Text-Welt ermöglicht hat. Wir denken an die großen Literatursprachen und die wunderbaren Texte, die in ihnen geschrieben worden sind. Und wir denken an die ausdifferenzierten Sprachwelten, in denen sich das als prestigereich angesehene Sprechen und Schreiben einer modernen Nation artikuliert: Die großen Literatursprachen gehören ja oft (nicht unbedingt und nicht immer) zu Gesellschaften, die ihre Schriftsprache auch zur Gestaltung ihrer politischen, juristischen, wissenschaftlichen Textwelten, also in hochangesehenen, prestigereichen Diskursen, verwenden. Kultursprachen sind solche, die, wie die Soziolinguistik sagt, «ausgebaut» sind, eben für die höheren Diskurse (Religion, Staat, Wissenschaft, Technik, Literatur), und die daher auch über einen hohen «Status», ein hohes Ansehen in der Sprachgemeinschaft, verfügen.

Die modernen europäischen Nationalsprachen waren durchaus nicht immer in diesem Sinne ausgebaute und prestigereiche «Kultursprachen». Das Deutsche war zunächst nur ein Ensemble von Dialekten. Es gab zwar schon im Mittelalter eine Bemühung, eine allgemeine, dialektüberspannende Dichtersprache zu etablieren. Aber «Kultursprache» war in Deutschland bis ins 18. Jahrhundert hinein das Lateinische. Das Deutsche ist dann erst über seine Verwendung als geschriebene Verwaltungssprache, als Sprache der Religion, als Sprache der Literatur und ganz zum Schluss auch als Sprache der Wissenschaften in jene Bezirke vorgedrungen, auf denen das Lateinische herrschte. Das Deutsche – wie auch das Französische oder das Englische – musste sich erst in die «Kultur» hocharbeiten.

Das ist ihm gelungen. Es hat – wie die anderen Sprachen Europas, die die «höheren» Diskurswelten des Lateinischen weitergetragen haben – das Erbe der «hohen» Kultur angetreten und diese in einer gewaltigen Text-Welt tradiert und weitergestaltet. Auf diese Sprach-Kultur ist ja – jenseits der rein praktischen Erlernung einer Sprache für das Leben und jede berufliche Tätigkeit in einer modernen Gesellschaft – auch die sprachliche Erziehung in den Schulen ausgerichtet. Das Hineinleben in eine solche Sprachkultur und der Erwerb der Fähigkeit, an ihr teilzunehmen und an ihr weiterzubauen, ist vielleicht das Beste, was einem sprechenden Menschen widerfahren kann. Hier kann er – wenn Sprache das ist, was wir gesagt haben – seine Sprachlichkeit voll entfalten, sie eben weiter «kultivieren». Er kann seine Sprachkultur auf ganz verschiedene Art und Weise, auf verschiedenen Niveaus, bescheiden oder hoch engagiert, manifestieren: im Schulaufsatz und Geschäftsbrief, in der Diskussion in der Schule und bei Beratungen im Berufsleben, in einem Lied und einer Erzählung, im Zeitungsartikel, im wissenschaftlichen Aufsatz oder einem philosophischen Gespräch. Der die Kultursprache sprechende oder schreibende Mensch muss nicht unbedingt selbst ein großer Schriftsteller sein, auch der Leser von Literatur ist, um sie zu verstehen, in gewisser Hinsicht ein Schriftsteller. In der Literatur jedenfalls, als dem Gipfel der Sprach-Kultur, kommt die Sprache zu sich, wie wir das im Kapitel über die individuelle Rede angedeutet haben. Hier wird sie in ihrer phonetischen Pracht und ihrer semantischen Tiefe wirklich als solche, d.h. als poetische erfahrbar. Wenn der Mensch nur Mensch durch Sprache ist, so ist dies der Ort, an dem er auf besonders emphatische Art und Weise Mensch ist.

Und deswegen ist es auch so besonders wichtig, diese Sprachkultur zu verteidigen. Denn an dieser Stelle findet der neue Kampf um die Sprache statt, hier stellt sich die neue «questione della lingua», die Frage nach der Sprache, die im 16. Jahrhundert schon einmal in ganz Europa gestellt wurde. Denn statt der alten europäischen Kultursprachen, die das Erbe des Lateinischen in den letzten fünfhundert Jahren verwaltet haben, macht sich nunmehr eine von ihnen anheischig, das gesamte Erbe zu übernehmen – und damit die europäische Sprachkultur zu zerstören.

Zu dieser gehören darüber hinaus viele Sprachen, die nicht oder in geringerem Maße den Ausbau und den Status der «Kultursprachen» erreicht haben. Aber natürlich ist jede Sprache eine «Kultur-Sprache»: Jede Sprache wird von Menschen in einem bestimmten gesellschaftlichen und kulturellen Kontext gesprochen, der sich auf mannigfaltige Art und Weise in der Sprache widerspiegelt, sei es in der Vielfalt der Varietäten, sei es auch in bestimmten Vokabularien und formalen Mitteln. Wenn eine Sprache nicht geschrieben wird und keine «Literatur» in unserem Sinne hervorgebracht hat, so heißt das natürlich nicht, dass sie eine Sprache ohne Kultur wäre, sondern nur, dass sie die Sprache einer oralen Kultur ist. Es muss nicht jede Sprache an allen Diskursen teilnehmen, um als eine kostbare Kreation des menschlichen Geistes betrachtet zu werden. Wenn eine Sprache «nur» in der Familie und im Alltag gesprochen wird und nicht in Schulen, Ämtern und wissenschaftlichen Institutionen zum Einsatz kommt, so ist sie zwar weniger ausgebaut und im «Status» weniger prestigereich, sie ist eine *Vernakularsprache*. Aber sie ist nichtsdestoweniger ein kostbares Geschöpf des *mondo civile*, in dem sich menschliche Kreativität manifestiert.

Schließlich muss noch ein Wort zum umstrittenen Einfluss der Sprache auf die Kultur gesagt werden. In der Vergangenheit hat man oft leichtfertig von bestimmten sprachlichen Strukturen auf bestimmte kulturelle Errungenschaften oder Nicht-Errungenschaften schließen wollen. Berühmt ist der folgende Fall: Die Hopi-Indianer haben nach Whorf (1963) in ihrer Sprache keine grammatischen Mittel, die den Zeit-Morphemen beim Verb in den europäischen Sprachen entsprechen. Daraus hat man geschlossen, dass sie Zeit im Sinne der europäisch-amerikanischen Kultur nicht «denken» können und sich also auch nicht auf die moderne Welt einstellen können, die von der genau gemessenen Zeit bestimmt wird. Wenn man hierbei einen strikten Determinismus Sprache → Denken → Kultur annimmt, so ist das nicht akzeptabel. Man müsste dann erwarten, dass Italiener den Unterschied zwischen «Treppe» und «Leiter» nicht denken könnten, weil sie ihn sprachlich nicht machen – beides heißt *scala* –, und dass folglich in ihrer Kultur nur wackelige Treppen oder starre Leitern vorzufinden wären. Eine solche deterministische Beziehung zwischen sprachlichen Strukturen und Kultur gibt es einfach nicht. Das heißt aber nicht, dass ich jetzt meine Auffassung von der «Weltansicht» zurücknehme, die jede Sprache darstellt. Natürlich ist, wie ich weiter oben gesagt habe, die Welt durch die Sprache auf eine bestimmte Art und Weise «gegeben». Natürlich ist den Hopis, wie Whorf (1963: 85 ff.) gezeigt hat, Zeit anders «gegeben» als uns, weil ihre Sprache Zeitliches anders fasst als die europäischen Sprachen. Aber das bedeutet nicht, dass die Sprecher einer Sprache die kulturelle Welt, in der sie leben, zwingend nach *sprachlichen* Vorgaben dieser bestimmten Sprache schaffen. Dass die Araber die muslimische Religion und Kultur geschaffen haben, hat nichts mit der Struktur des Arabischen zu tun. Diese Kultur kann sich natürlich in verschiedenen Sprachen manifestieren. Das heißt nun aber umgekehrt auch wieder nicht, dass nicht bestimmte Glaubensinhalte und Institutionen mit arabischen Wörtern verbunden sind, ebenso wie bestimmte christliche Glaubensinhalte und Institutionen mit griechischen oder lateinischen Wörtern verbunden sind.

Natürlich ist die *sprachliche* Kultur von der Sprache bestimmt (aber nicht alle Kultur ist sprachlich). Das Ensemble der Texte oder der Gesprächsformen ist ja gerade ein Stück *Kultur aus Sprache*, es ist ein wichtiges Stück Kultur. Wenn wir von der «deutschen Kultur» sprechen, meinen wir auch die deutsche Literatur als wichtigen Teil dieser Kultur. Wenn wir von der griechischen Kultur sprechen, meinen wir auch die offensichtlich hochentwickelte Gesprächskultur, die Tragödien, Komödien und philosophischen Schriften. Und natürlich sind auch die anderen Teile der Kultur in die jeweilige Sprache «eingetaucht». Aber der Nachweis, dass z. B. deutsche Musik von der deutschen Sprache abhängt, ist bisher noch nicht überzeugend geführt worden. Die Malerei oder die Form der Häuser eines Landes haben schon gar nichts mit der jeweiligen Sprache zu tun. Und der bayerische Schweinebraten mit Knödeln schmeckt, soweit ich sehe, völlig unabhängig von der um ihn herum gesprochenen Sprache.

Der umgekehrte Einfluss dagegen – also von der Kultur auf die Sprache – scheint mir evident. Ich habe schon auf die kulturellen Parameter hingewiesen, die das Varietätengefüge einer Sprache schaffen. Offensichtlich spiegeln sich bestimmte gesellschaftliche Zustände durchaus auch in der Struktur der Sprache. Zuletzt ist dies von der feministischen Linguistik gezeigt worden, die in der Distribution des Weiblichen in der deutschen Sprache die traditionelle gesellschaftliche Benachteiligung gespiegelt sah: Warum sagt man «man» (und nicht «frau»), warum vertritt das Maskulin traditionellerweise auch die Frauen («die Ärzte streiken» schließt die Ärztinnen ein), warum gab es ein «Fräulein», aber kein «Herrlein»? Ganz offensichtlich ist der Wortschatz einer Sprache der Bereich, in dem sich kulturelle Einflüsse am deutlichsten manifestieren. Ein Einfluss auf die Grammatik ist eher schwer nachzuweisen. Umstritten ist, ob das neue romanische Futur (*cantare habeo*, frz. *chanterai*), welches das klassische lateinische Futur (*cantabo*) ablöst, ein Effekt christlichen Denkens ist. Aber im Wortschatz ist der kulturelle Einfluss evident. Die gesamte religiöse Terminologie ist auf den Einfluss des Christentums zurückzuführen. Im Lateinischen war sie ganz stark griechisch: *baptisterium, ecclesia, episcopus* sind griechische Lehnwörter. Auch im Deutschen sind das Entlehnungen oder Lehnübersetzungen aus dem Griechischen und Lateinischen. Der *Bischof* ist ebenso griechisch wie die *Kirche*, das *Gewissen* ist eine Lehnübersetzung von *conscientia* usw. Der Wortschatz ist naturgemäß der sprachliche Spiegel der Kultur. Dennoch berechtigt diese Tatsache nicht, eine Sprache insgesamt durch diese kulturellen Züge zu charakterisieren: Das Arabische ist nicht «muslimisch», das Lateinische nicht «katholisch» und das Deutsche nicht «evangelisch». Der kulturelle Einfluss kann sich auch auf weitere strukturelle Ebenen, z.B. auf die Phonetik einer Sprache auswirken. Dass das Französische kein gerolltes, dentales r mehr hat (wie das Italienische), sondern ein hinteres, uvulares, ist dem Snobismus der Pariser Gesellschaft geschuldet, die das irgendwann einmal schicker fand. Dass man *roi* nicht mehr wie im 18. Jahrhundert [rwɛ] ausspricht sondern [rwa], ist ein Abglanz des sozialen Wandels in der Französischen Revolution: [rwa] war die Aussprache des Pariser Volkes.

6.3. Sprache und Politik Der Ausdruck *mondo civile*, den ich im vorigen Abschnitt mit «Kultur» wiedergegeben habe, kann auch mit «politische Welt» übersetzt werden. Der *cives*, «Bürger», von dem das Adjektiv *civile* abgeleitet ist, ist niemand anderes als der *polites*, der Bewohner der *polis*, zu dem das Adjektiv *politikos* gehört. «Zivil» – oder eben «politisch» – ist für Vico alles, was mit menschlicher Gemeinschaft zu tun hat. Und die Sprache ist natürlich in diesem Sinne von vornherein «politisch». Wir haben schon oft gesagt, dass Sprache ohne den Anderen, ohne die Gemeinschaft zumindest zweier Menschen nicht in die Existenz treten würde. Die kommunikative Dimension ist insofern zugleich «politische» Dimension. Von der Beziehung zwischen Baby und Mutter über Familie, Stadt, Region, Land, bis zur Gemeinschaft aller Menschen ist alles «politisch». Nun meinen wir allerdings mit dem Ausdruck «Politik» heute meistens etwas Eingeschränkteres, nämlich die Dimension des *Staates* und des staatlichen Handelns, die Polis also als eine das Zusammenleben ihrer Bürger regelnde, relativ fest gefügte Organisationsform. Die Beziehungen der Sprache zum Politischen in diesem Sinne sind heute evident: Die modernen Staaten sind zumeist mit einer (oder auch mehreren) Staatssprache ausgestattet, in der sich solche vom Staat geregelten Aktivitäten wie Verwaltung, Justiz, Regierung, Gesetzgebung, Schulwesen, Wissenschaft usw. abspielen, wobei diese Staatssprache oft auch die Sprache der Mehrheit des Volkes ist, das in dem betreffenden Staat wohnt. Letzteres ist aber erst eine moderne Entwicklung. Gerade die genannten Diskursfelder wurden im Mittelalter in Europa nicht in den Sprachen des Volkes behandelt, sondern auf Lateinisch. Seit dem 15./16. Jahrhundert steigen die Volkssprachen in diese Diskursfelder auf, wo sie das Lateinische allmählich verdrängten. Der König von Frankreich dekretiert im 16. Jahrhundert, dass Verwaltung und Justiz in seinem Reich auf Französisch zu schreiben haben. Im 17. Jahrhundert schafft sich die französische Zentralmacht gewissermaßen auch die kulturelle Herrschaft über die Sprache, sofern sie eine Institution zur Pflege der Sprache schafft: die Académie française. Aber erst der demokratische Staat bindet die Mitgliedschaft im Staat an die Sprache. Dies ist eine folgenschwere Erfindung der Französischen Revolution: Die Demokratie verlangt die Partizipation ihrer Bürger am politischen Geschehen. Das Volk selbst ist ja der Souverän, es muss also miteinander kommunizieren können, und es soll auch dasselbe «denken» (man war schon damals sehr davon überzeugt, dass Sprachen bestimmte «Weltansichten» transportieren). Frankreich war aber ein extrem vielsprachiges Land. Man ging daher daran, den Franzosen eine Sprache zu geben, ein Ziel, das Frankreich ungefähr in der Mitte des 20. Jahrhunderts schließlich erreicht hatte. Das ging zu Lasten der anderen Sprachen in Frankreich, die systematisch unterdrückt wurden und heute nur noch als ländliche «Sekundärsprachen» ein prekäres Leben fristen. Das Bretonische oder das Okzitanische zum Beispiel haben keine wirkliche Chance zu überleben. In Deutschland war das politische Problem gerade umgekehrt: «Dieselbe Sprache» war schon vorhanden: «Deutschland» war das Land, in dem man deutsch sprach und schrieb, dieses Land hatte aber keinen Staat. Deutschland existierte kulturell, es war aber politisch-staatlich inexistent. Hier ging es also nicht darum, eine Sprache für einen Staat zu schaffen, sondern umgekehrt einen Staat für eine Sprache. Der Weg dorthin war dann auch nicht so sehr die Unterdrückung anderer Sprachen wie in Frankreich als vielmehr die «Arrondierung» des deutschsprachigen Staatsgebiets, die im Anschluss Deutsch-Österreichs und der Sudeten an das Hitler-Reich ihren perversen Höhepunkt fand.

Die von moderner Politik geschaffene Identität von Sprache und Staat, von Sprach-Nation und Staats-Nation, ist etwas Zweideutiges: Sofern sie die Sprache in den staatlichen Strukturen für die Erziehung, in Verwaltungen, Jurisdiktionen, Gesetzgebungsinstanzen installiert und damit auch die Wirtschaft, das Pressewesen und die «Kultur» (Theater, Kino) sprachlich imprägniert, ist dies für diese Sprachen und für ihre Sprecher ein kultureller Fortschritt ohnegleichen gewesen. Sofern dieses Prinzip aber das furchtbare Movens der Kriege des 19. und 20. Jahrhunderts gewesen ist und bis heute noch ist, hat es unendliches Unheil über die Menschheit gebracht. Staatsgrenzen und Sprachgrenzen koinzidieren nur selten, und es leben oft mehrere Sprachgemeinschaften an einem Ort. Die Unterdrückung sprachlicher Minderheiten in den modernen Staaten hat des weiteren dazu geführt, dass im Namen des Prinzips der engen Beziehung von Sprache und politischer Organisation heute Sprachgemeinschaften überall auf der Welt politische Forderungen stellen. Diese gehen nicht immer so weit wie zur Forderung eines eigenen Staates, aber diese Forderung wird natürlich immer wieder erhoben. Die kaukasischen Völker sind derzeit die bekanntesten Beispiele hierfür, aber auch radikale katalanische, baskische, galizische Separatisten fordern genau dies. Die europäische Charta für die Regional- oder Minderheiten-Sprachen, die der Europa-Rat 1992 zur Gestaltung der Rechte der «kleinen» Sprach-Nationen innerhalb der großen Staaten vorgeschlagen hat, sieht verschiedene Möglichkeiten der öffentlichen Präsenz der «kleinen» Sprachen vor, ohne dass deswegen die jeweilige Sprachgemeinschaft aus dem größeren Staatsverband austritt. So kann etwa in der Schule die Minderheitensprache auf verschiedene Weise präsent sein: von einem zusätzlichen

Lehrangebot bis hin zur kompletten Schulbildung in der jeweiligen Sprache bis zum Abitur. Der Schutz und die Pflege «kleiner» Sprachgemeinschaften ist, das ist wohl aus meinen bisherigen Äußerungen in diesem Buch deutlich geworden, eine vornehme kulturelle Aufgabe jedes zivilisierten Staates.

Die großen politischen Sprach-Probleme heute betreffen aber nicht so sehr die regionalen Minderheitensprachen als vielmehr das Verhältnis der «Mehrheitssprachen» zu den Sprachen der Immigranten und der Nationalsprachen zur Weltsprache Englisch. Beide Probleme gehören übrigens eng zusammen. Was die Sprachen der Migranten angeht, so sind diese aus meiner Sicht politisch anders zu bewerten als die Sprachen der autochthonen regionalen Minderheiten: Diese sind durchweg Reste nicht ganz gelungener Eroberung oder Verdrängung durch die Mehrheit. Die andere Stellung der Sprachen der Einwanderer beruht auf der Tatsache, dass die Migranten ja nicht als Eroberer kommen, sondern als Menschen, die mit denen zusammenleben wollen, die dort schon sind, wohin sie ziehen. Sie müssen folglich ein Interesse daran haben, mit diesen anderen zu sprechen. Dafür, dass dies möglich wird, sollten die aufnehmenden Gesellschaften im eigenen Interesse großzügig alle Mittel zur Verfügung stellen. Sie müssen versuchen, die Migranten so früh und so gründlich wie möglich an die jeweilige Staatssprache heranzuführen, damit diese problemlos in und mit der Mehrheitsgesellschaft kommunizieren und leben können. Wie auch die Dialekte und Soziolekte der Mehrheitssprache werden die Sprachen der Migranten dabei als Familiensprachen beibehalten, genießen aber wie diese keinen besonderen staatlichen Schutz.

Das größere und wirklich bedrohliche politische Sprachproblem ist das schon mehrfach angesprochene Verhältnis der Kultursprachen zur Weltsprache Englisch. Diese ist dabei, die jeweiligen Staatssprachen ihrer Funktion zu berauben und sie damit überflüssig zu machen. Die Staats- und Kultursprachen werden zunehmend aus den Diskursdomänen getrieben, die sie dem Lateinischen abgetrotzt hatten und auf denen ihr Prestige und ihre Funktion als gemeinsame Sprache einer Nation, als Koinè, basiert: Aus der Wissenschaft, aus dem Geschäftsleben, aus der Kultur werden diese Sprachen eliminiert und durch das Englische ersetzt. Der Staat – jedenfalls der deutsche – hält kaum dagegen, im Gegenteil, er befördert diesen Vorgang – getrieben durch starken Druck aus der Geschäftswelt. Wenn die Nationalsprachen nicht mehr in den wichtigen Diskursen verwendet werden, wenn sie damit ihr Prestige verlieren und ihren Ausbau wieder reduzieren, sinken sie zu Alltagssprachen, Vernakularsprachen, herab. Dort, wo es noch lebendige Dialekte gibt, im Süden und in den niedrigeren Bevölkerungsschichten des Landes, funktioniert aber schon der Dialekt als Vernakularsprache. An der Stelle, an der früher die Hochsprache war, steht zunehmend das globale Englisch oder Globalesische. Die Nationalsprache wird also überflüssig. Als Konsequenz dieser Entwicklung zeichnet sich tatsächlich schon jetzt ab, dass die Nation als Sprach-Nation zerfällt. Die Anzeichen hierfür sind mehr als evident: Gerade die Klasse, die auf ihre guten Kenntnisse der Nationalsprache stolz war, die gebildete Bourgeoisie, ist dabei, aus dem nationalen Sprach-Verband auszutreten und eine eigene englischsprachige Klasse über dem «Volk» zu bilden, wie die lateinischen Kleriker im Mittelalter und wie die französischsprachige Aristokratie im 17. und 18. Jahrhundert: Das mag zwar post-national sein – und insofern schrecklich progressiv –, es ist aber neomediäval oder neofeudal, entspricht also keinen wirklich erstrebenswerten politischen Organisationsformen.

6.4. Sprache naturwissenschaftlich Sprache ist aber nicht nur ein höchst komplexes Geschöpf des *mondo civile*, sondern sie basiert, wie wir gesehen haben, auf einer «Gabe» der *Natur*, auf biologischen Bedingungen, ohne die die kulturelle Explosion nicht hätte stattfinden können. Diese sind Gegenstand verschiedener Naturwissenschaften. Die neueste naturwissenschaftliche Erforschung der Sprache hat sich insbesondere mit drei Problemen beschäftigt: mit den Aktivitäten des Gehirns des sprechenden Menschen, mit der Suche nach der Sprache im Genom und mit der Frage der Evolution der Sprache.

Die Behandlung dieser Probleme hängt davon ab, was man unter «Sprache» versteht. Wenn man darunter das relativ komplizierte Verhalten versteht, das ich in diesem Buch vertrete, muss man bei allen drei Fragen nach sehr vielen Dingen suchen. Wenn man darunter, wie dies etwa die Chomsky-Schule tut, eigentlich nur einen einzigen Zug von Sprache meint, nämlich «Rekursivität», also die Fähigkeit, syntaktische Regeln immer wieder anzuwenden, so sind die drei Fragen relativ einfach zu beantworten: Was die erste Frage angeht, so kann man bestimmte Gehirnregionen lokalisieren, an denen komplexe syntaktische Strukturen verarbeitet werden. Im Genom hat man Rekursivität noch nicht ausmachen können, und auch in der Evolution ist man noch nicht fündig geworden. Die negative Antwort auf die dritte Frage kommt im übrigen gerade recht, weil sie Chomskys Grundannahme – die wir auch in gewisser Hinsicht bei Humboldt vorgefunden haben – bestätigen würde, dass es sich bei der Sprachfähigkeit um ein genetisches Wunder, eine spontane Mutation handelt. Für diese brauchen wir keine Vorgänger in der Evolution.

Erfolgreicher ist die naturwissenschaftliche Thematisierung von Sprache, wenn man Sprache als kommunikatives Verhalten mit artikulierter Laut- und Bedeutungsproduktion versteht. Was die Aktivitäten im Gehirn angeht, so hat die Hirnforschung der letzten Jahre einiges dazu gesagt. Altbekannt sind die Brocaschen und Wernickeschen Sprachzentren, die ganz zweifellos «Sitz» von Sprache sind und die durch die weiteren Entwicklungen der Hirnforschung vielfältig ergänzt wurden. Die Details kann man in den entsprechenden Publikationen nachlesen (Roth 1997: 72–77). Ein entscheidender Fortschritt der Hirnforschung in Bezug auf die Sprache scheint mir dabei die Aufgabe der Trennung von «emotionalen» und «kognitiven» Aktivitäten des Gehirns zu sein. Gerhard Roth jedenfalls insistiert darauf, dass das limbische System (das für die Emotionen zuständig ist) und der Neocortex (der fürs Kognitive spezialisiert ist) weder wegen ihres stammesgeschichtlichen Alters noch hinsichtlich der Funktion voneinander getrennt werden können, sondern dass beide immer engstens zusammenwirken. Dieser neurobiologische Befund bestätigt meine Beschreibung der Sprache als einer gleichzeitig kooperativen und phonetiko-semantischen Aktivität.

Wenn Sprache wesentlich als (lautliche) Artikulation aufgefasst wird, kann man in der Entdeckung der Rolle von FOXP2 einen wichtigen Schritt in der Lokalisierung von Sprache im Genom sehen: Dieses Gen ist anscheinend für die «Artikulation» verantwortlich und damit ein guter Kandidat für eine genetische Basis der Sprache. Es ist aber klar, dass FOXP2 nicht für das ganze komplizierte Ensemble von Aktivitäten der Sprache zuständig ist. Denn wenn Sprache das komplexe Verhaltensgefüge ist, als das wir es hier präsentieren, dann ist bei der Evolution der Sprache noch einiges mehr zu berücksichtigen: Die entsprechenden Gehirnpartien – die Sprachzentren, der Stirnlappen – müssen sich entsprechend entwickeln, aber eben auch der Kehlkopf für die Produktion der Laute (Lieberman 1998), ganz abgesehen vom aufrechten Gang und der damit verbundenen Befreiung des Mundes von der Aufgabe des Ergreifens (Prehension) und der Befreiung der vorderen Gliedmaßen von der Aufgabe der Lokomotion. Der «Mund» kann für die Produktion von Symbolen (Wörtern) benutzt werden, die Hände für die Produktion von Instrumenten. Mündigkeit und Händigkeit müssen Hand in Hand gehen (Leroi-Gourhan 1964/65).

Was aus den naturwissenschaftlichen Erforschungen der Sprachfähigkeit des Menschen hervorgeht, ist die wichtige Einsicht, dass die menschliche Sprachfähigkeit – die wir hier immer als etwas ganz Besonderes und als besonderes Merkmal des Menschen herausgestellt haben – nicht in dem Sinne spezifisch menschlich ist, dass sie etwa auf ganz besonderen, nur dem Menschen eigenen Charakteristika des menschlichen Gehirns basieren würde oder dass es nur dem Menschen eigene Gene für diese Fähigkeit geben würde (das hatte man schon einmal triumphal angenommen, es war aber ein Irrtum). Das menschliche Gehirn hat offensichtlich nichts Besonderes, was es von den Gehirnen anderer Wirbeltiere unterscheidet. Und auch FOXP2 gibt es nicht nur bei Menschen. Einzigartig ist aber doch die Weiterentwicklung und die Kombination verschiedener Merkmale, die als solche auch bei anderen Primaten anzutreffen sind: «erstens die Weiterentwicklung der bei Primaten bereits vorhandenen Sprachzentren, zweitens die ebenfalls bei Primaten eingeleitete Vergrößerung des präfrontalen Cortex und seiner Bedeutung für die Entwicklung der Grammatik und drittens die Umgestaltung des Kehlkopfes» (Roth 1997: 75).

Was die naturwissenschaftlichen Thematisierungen von Sprache aus meiner Sicht vernachlässigen, ist die Rolle der Einzelsprachen in den Prozessen, die sie beschreiben. Es scheint in diesen Forschungen so, als habe die Menschheit nur eine einzige Sprache. Es wird bestenfalls darauf hingewiesen, dass bei mehrsprachigen Individuen verschiedene Sprachen an verschiedenen Stellen des Gehirns lokalisiert sind. Aber davon, dass die kognitiven Aktivitäten des Gehirns es ja mit einzelsprachlichen Kategorisierungen zu tun haben, ist nie die Rede. Das hängt sicher auch damit zusammen, dass es bei all diesen Untersuchungen immer um relativ einfache Vorgänge geht, zum Beispiel um die Benennung von sinnlichen Gegenständen in der Welt oder von Grundbefindlichkeiten des Menschen (Hass, Liebe, Zorn), bei denen sich die Sprachen ja tatsächlich wenig unterscheiden. Feinere grammatische Unterscheidungen, etwa die mehrfach erwähnte subtile Unterscheidung zwischen imparfait, passé simple und passé composé, oder lexikalisch subtile Differenzen wie etwa diejenige zwischen *neuf* und *nouveau* im Französischen («materiell neu» vs. «epistemisch neu, bisher unbekannt») oder auch *veal* vs. *calf*, *beaf* vs. *ox*, *porc* vs. *pig* («das als Speise vorbereitete Tier» vs. «das lebendige Tier») spielen dabei keine Rolle. Es wäre aber interessant, von der Neurobiologie zu erfahren, ob und wie die Einzelsprachen in die kognitiven Prozesse hineinspielen. Anders gesagt: Dass «Kognition», die ja nicht nur in dem einsamen Menschen gegenüber der Welt stattfindet, sondern gerade in der sprachlichen Kooperation mit anderen erworben wird, einzelsprachen-unabhängig sein soll, kann ich mir nicht vorstellen. «Erfahrung» und «Gedächtnisleistungen» werden in den neurobiologischen Forschungen groß geschrieben, wie sollte da die sprachliche Erfahrung der in einer bestimmten

Einzelsprache Sozialisierten nicht in den Erfahrungsschatz des Sprechenden eingehen?

Als dritte Frage wird in den naturwissenschaftlichen Sprachforschungen derzeit der Ursprung der Sprache lebhaft diskutiert. Die Frage, warum und wie die Sprache entsteht, hat den Menschen bewegt, seitdem er denken kann. Offensichtlich hat er sich sofort als sprechendes Wesen (*zoon logon echon*) verstanden und gefragt, woher das Sprechen kommt. Der Mythos ist die erste denkende Auseinandersetzung des Menschen mit sich und seiner Welt, und die berühmteste mythische Anwort auf die Frage nach dem Ursprung ist diejenige der Bibel: Gott schafft Adam nach seinem Bilde, und da er ein sprechender und mit der Sprache schaffender Gott ist, schafft er Adam als Sprechenden. Adam kann von vornherein sprechen, d. h. die Bibel sagt nichts darüber, dass Adam und dann Eva das Kommunizieren erst noch lernen müssten. Sie können es von Anfang an. Was noch fehlt an der Sprache Adams, sind offensichtlich die Wörter für die von Gott geschaffene Welt. Die schafft nun Adam selbst. Der Mythos artikuliert damit in subtilster Form die Tatsache, dass das eigentlich Menschliche (und damit Gottähnliche) der Sprache nicht die kommunikative Dimension ist, sondern die «Darstellung» der Welt bzw. die kognitive Gliederung der Welt. Der Ursprung der *Sprachen* (nicht des Sprechens) wird dann in einer anderen Geschichte, derjenigen vom Turmbau zu Babel, imaginiert.

Bis zur Befreiung des Denkens vom Mythos, wie sie in Griechenland begann und dann wieder in der Aufklärung neu einsetzte, war diese Geschichte – jedenfalls in unserer Kultur – das, was man vom Ursprung der Sprache und der Sprachen wusste. Seit dreihundert Jahren emanzipiert sich das europäische Denken von der biblischen Geschichte, und es wird nun immer wissenschaftlicher über die Frage nachgedacht. Die sich seit Darwin entfaltende Evolutionsbiologie ist der Hintergrund dessen, was man heute über die Frage sagt, die seit etwa dreißig Jahren in einer geradezu explosionsartigen Fülle von Untersuchungen in immer neuen Aspekten beleuchtet wird (Trabant/Ward 2001). Dennoch kann man den Stand der Diskussion sehr grob und vereinfachend folgendermaßen umreißen: Dass es sich bei der Entstehung der Sprachfähigkeit um einen biologischen Evolutionsprozess handelt, stellt niemand mehr in Frage. Vor diesem Hintergrund sind drei Aspekte umstritten:

Erstens, ob es sich – da die Sprache doch so etwas hervorragend Menschliches ist – um einen «Sprung», also um ein evolutionäres «Wunder» handelt oder um eine allmähliche biologische Errungenschaft. Chomsky hatte eher das erstere angenommen. Die Vertreter eines «normalen», also allmählichen evolutionären Geschehens sind aber heute, wenn ich es richtig sehe, in der Mehrheit. In evolutionärer Hinsicht gibt es keinen Abgrund zwischen den Tieren und den Menschen, sondern der Mensch kann es sozusagen nur ein bisschen besser als die Tiere.

Zweitens spielt natürlich der Gegensatz zwischen der eng kognitiv-linguistischen, d. h. syntaktischen Sprachauffassung Chomskys (2000), und der weiteren Sprachauffassung, nach der «Sprache» das komplizierte Zusammengehen von kognitiven und kommunikativen Prozessen ist, in die Sprachursprungsdiskussion hinein. Hier hat sich neuerdings eine Art Verbindung der beiden Positionen eingestellt. Hauser/Chomsky/Fitch (2002) nennen Chomskys kognitiven Kern «Sprache im engeren Sinne» und das Kommunikative «Sprache im weiteren Sinne». Chomsky hält nun offensichtlich doch auch in Bezug auf den kognitiven Kern ein allmähliches evolutionäres Geschehen für denkbar. In der Perspektive der weiteren Sprachauffassung muss nach den Vorgänger-Prozessen sowohl der kommunikativen als auch der kognitiven Prozesse gesucht werden. Dass Tiere kommunizieren und dass viele Tiere auch vokal kommunizieren, ist evident. Weniger klar ist, wie es mit den kognitiven Leistungen unserer tierischen Verwandten steht. Aber auch dort scheint es zumindest Ansätze zu «Begriffsbildungen» und einfacher Syntax zu geben. Einen Sprung oder gar einen biologischen Abgrund zwischen den Tieren und den Menschen gibt es also nicht mehr. Auch unsere tierischen Verwandten sind, wie wir inzwischen wissen, klug und lernfähig. Aber weiter als bis zu den sprachlichen Leistungen eines zwei- bis dreijährigen Kindes – sprachliche Laute kann er allerdings nicht artikulieren, er operiert mit *ungegliederten* Zeichen – schafft es auch der klügste Schimpanse nicht. Das Prinzip der doppelten Gliederung ist den anderen Primaten unbekannt. Offensichtlich aber auch den klugen Biologen und Neurologen, von denen keiner auf dieses Prinzip hinweist. Die doppelte Gliederung ist aber der Schlüssel zum sprachlichen und damit kulturellen Erfolg des homo sapiens.

Bei aller Gemeinsamkeit mit den Tieren, die unsere menschliche Arroganz dämpfen, machen die Menschen allerdings mit den gemeinsamen biologischen Voraussetzungen dann doch so unendlich mehr als diese, dass die Rede von einem «Sprung» zwischen den anderen Primaten und den Menschen so falsch nicht sein kann, auch wenn es *kein biologischer* Sprung ist. Die biologischen, durch die Evolution dem Menschen gegebenen Voraussetzungen sind dergestalt, dass sie die *kulturelle* Explosion ermöglichen, d.h. dass sie den Sprung in die Sprache erlauben. Der kleine Vorsprung vor den anderen Tieren stellt die endlichen biologischen Mittel parat, von denen der Mensch einen unendlichen Gebrauch macht. Diese Humboldtsche Formel, «unendlichen Gebrauch von endlichen Mitteln machen», die im Werk Noam Chomskys eine so große Rolle spielt (auch wenn er sie falsch interpretiert), scheint mir genau hier angebracht. Sie entstammt bei Humboldt einem naturphilosophischen Zusammenhang, in dem er feststellt, dass die Natur von endlichen Mitteln unendlichen Gebrauch macht. Genau dies geschieht hier. Dadurch ermöglicht die Natur den Sprung in jene zweite Natur des Menschen, die auf der Sprache beruht. Und dieser Sprung in die Sprache und in die Kultur ist – bei aller Anerkennung der neuesten Forschungen zur Naturgeschichte des Menschen – letztlich doch ein «Wunder».

Drittens diskutieren die Forschungen zur Entstehung der Sprache, was es denn eigentlich sei, das die sprachliche Kreativität in Gang setzt und wie wir uns das etwas konkreter vorstellen können. Da wird z.B. die Markierung und Sicherung der Fortpflanzungspartner als Grund für die Schaffung von Symbolen imaginiert (Deacon 1998). Kreolisierungsprozesse, also die Schaffung neuer Sprachen aus verfügbarem Material verschiedener aufeinandertreffender Sprachen, werden auf den Ursprung zurückprojiziert (Bickerton 1981). Vokalisierung und die Loslösung der Stimme von der Emotion und und ihr Bezug auf Vorstellungen sind der Ausgangspunkt menschlicher Sprache für Lieberman (1998). Aus dem Vergleich mit Primaten wird als das Besondere des menschlichen Denkens die Fähigkeit zur Übernahme der Perspektive des Anderen abgeleitet, wofür die Sprache unerlässlich ist (Tomasello 2002).

In den Forschungen zum Ursprung der Sprache konzentrieren sich derzeit vielleicht die wichtigsten Überlegungen zur Sprache. Nirgendwo sonst in den sprachthematisierenden Disziplinen werden die «letzten Fragen» der Sprache so interessant diskutiert wie hier, wo Themen wie die Natur des Menschen, sein Verhältnis zu den anderen Lebewesen, seine Position in der Evolution, das Verhältnis von Natur und Kultur behandelt werden. Leider nimmt die naturwissenschaftliche Thematisierung der Sprache linguistische Forschung nur ungenügend zur Kenntnis. Im Grunde bezieht sich die gesamte naturwissenschaftliche Forschung immer nur auf eine einzige Richtung der Sprachwissenschaft, auf die in der Anglo-Welt dominierende Chomsky-Linguistik. Diese betreibt aber eine extreme Reduzierung des Sprachlichen auf Syntax, und sie schließt das gesamte Kulturelle der Sprache aus (Wortschatz, Varietäten, Sprechakte, Geschichte, Literatur), da sie sich programmatisch als eine Naturwissenschaft versteht. Was die Menschen mit dem von der Natur gegebenen biologischen Schatz kulturell machen, kommt daher in den naturgeschichtlichen Forschungen selten in den Blick. Die Babel-Frage, also warum sich die Sprache in so großer Verschiedenheit manifestiert, ist daher überhaupt noch nicht (oder mit eher lächerlichen Vorschlägen) von den Naturwissenschaftlern erörtert worden.

6.5. Spracherwerb und Mehrsprachigkeit Womit der Mensch bezüglich der Sprache genetisch ausgerüstet ist, wissen wir noch nicht ganz genau. Ob es, wie Chomsky annimmt, eine angeborene Universalgrammatik gibt, ist alles andere als ausgemacht. Die *grammar genes*, die Grammatik-Gene, deren Existenz noch vor ein paar Jahren sicher schien, haben sich wieder verflüchtigt. Vielleicht ist das schon erwähnte Artikulations-Gen FOXP2 das gesuchte entscheidende Sprach-Gen. Was wir aber schon wissen, ist, *dass* der Mensch genetisch mit der Fähigkeit ausgerüstet ist, Sprache zu erwerben. Dass dies eine genetische Eigenschaft des Menschengeschlechts ist, sehen wir einfach daran, dass alle Menschen es tun und dass alle Menschen es nach einem biologisch angelegten Programm und Zeitplan tun. Allerdings – und hier zeigt sich von vornherein die *Verbindung* der biologischen mit der sozialen und kulturellen Natur des Menschen – erwirbt der kleine Mensch die Sprache nur im Zusammensein mit anderen Menschen. Er redet nur, weil er angesprochen wird. Der Mensch entfaltet seine Sprache nur, weil man mit ihm spricht. Wenn niemand mit ihm spräche, würde er die Sprache nicht erwerben, seine ganze biologische Ausrüstung würde ihm nichts nutzen. Wenn ein menschliches Wesen die für den Spracherwerb von der Natur vorgesehene Zeit verpasst, kann es Sprache nicht mehr lernen. «Wolfskinder», die in der entscheidenden Zeit keine menschliche Gesellschaft hatten, oder Kinder, mit denen nach ihrer Geburt niemand gesprochen hat, können nicht sprechen. Wohl aber können Kinder Sprache entfalten, die taub sind, wenn sie in menschlicher Gemeinschaft aufwachsen: Sie können ja sehen und fühlen und entwickeln eine der lautlichen Sprache analoge visuelle Sprache.

Die klassischen Phasen des kindlichen Spracherwerbs sind die folgenden: Schreien, Lallen, erste Wörter und Einwortäußerungen, Zweiwortäußerungen, Mehrwortäußerungen (einfache Syntax), komplexe Syntax. Parallel zu den Wörtern und grammatischen Strukturen lernt das Kind natürlich auch, Sprechhandlungen zu vollziehen. Auffordern kann es sehr früh. Es weiß auch bald, was ein Versprechen ist, und wird laut einklagen, dass das Versprechen auch gehalten wird. Es wird lernen, seine Aufforderungen – «her damit!» – allmählich den höflichen Formen anzupassen: «Kannst du mir bitte das Salz geben». Dass man Nachbarn grüßt, wird ihm (wenn auch immer weniger) beigebracht. Das Hin und Her des Interagierens skandiert schon ganz früh die Kommunikation. Das Kind lernt bestimmte Diskurstraditionen kennen: Märchen, Lieder, Abzählreime, Erzählungen usw. (Klann-Delius 1999: Kap. 2). In der Schule beginnt die Einführung in die schriftliche Form der Sprache, zumeist auch die Einführung in die «Kultursprache», zusätzlich nun auch gleich von Anfang an eine Einführung in eine fremde Sprache.

Schul- und Erziehungspläne gehen beim Fremdsprachenerwerb zumeist von einem voll in der entsprechenden nationalen «Normsprache» sozialisierten Kind aus. Dies trifft aber nur für Kinder aus «gebildeten» Schichten zu, die auch im häuslichen Umfeld die in der Schule übliche Normsprache sprechen. In Wirklichkeit aber sprechen die Kinder oft eine sozial und/oder regional markierte Varietät der Nationalsprache, wenn sie nicht gar – wie die meisten Migranten – eine völlig andere Sprache sprechen. Dieser Realität von sprachlich ziemlich unterschiedlich sozialisierten Kindern trägt die Schule – jedenfalls in Deutschland – höchst ungenügend Rechnung. Die drei angedeuteten, ziemlich verschiedenen sprachlichen Ausgangssituationen erfordern völlig verschiedene Lernstrategien. Das bürgerliche Kind (das keine neue Unterrichtssprache erlernen muss) kann sich der Verwandlung seiner gesprochenen Sprache in Schrift widmen (was ja auch schon, wie wir alle wissen, eine riesige Leistung ist) und wird auch fröhlich einen frühen Fremdsprachenunterricht – d.h. Englischunterricht (alles andere lehnen ehrgeizige, aber schlecht informierte Eltern zumeist ab) – ertragen (hoffentlich von einem dafür ausgebildeten oder womöglich gar muttersprachlichen Lehrer und nicht, wie üblich, von dafür überhaupt nicht vorbereiteten Lehrkräften). Für dialektophone oder gar eine andere Sprache sprechende Kinder könnte dieser Englischunterricht aber eine ziemliche Überforderung sein. Sie müssen ja erst einmal die – fremde – Normsprache sprechen und schreiben lernen. Und dazu sollte man ihnen die Zeit geben und sie massiv fördern. Die – für sie weitere, zweite – Fremdsprache lernen sie dann auch noch später. Da sie ja schon beim Erwerb der Normsprache eine fremde Sprache lernen, sind sie dazu nämlich bestens vorbereitet. Es ist einfacher, eine fremde Sprache zu lernen, wenn man schon einmal eine gelernt hat. Jedenfalls wären vor diesem Hintergrund die unüberlegte Einführung von Frühenglisch in den Grundschulen ebenso wie die Propagierung von Early-English-Babykursen und -Kindergärten, die eine unseriöse Sprach-Industrie einer hysterischen jungen Elterngeneration aufschwatzt, einer gründlichen Prüfung zu unterziehen.

6.6. Vereinheitlichen, Sprachenlernen, Übersetzen Die Verschiedenheit der Sprachen begrenzt die gegenseitige Verständigung zwischen Menschen aus verschiedenen Sprachgemeinschaften dramatisch. Dies war ja auch der Grund dafür, dass der Mythos vom Turmbau zu Babel die Sprachverschiedenheit als Katastrophe und als Strafe darstellte. Ich habe sie dagegen hier – mit Hinblick auf die Darstellung und die denkerisch-kognitive Funktion der Sprache – vor allem als einen wunderbaren Reichtum des menschlichen Geistes dargestellt. Das ist sie auch, aber sie ist eben zweifellos auch ein kommunikatives Hindernis. Dieser Gegensatz ist einfach das grundlegende Dilemma der menschlichen Sprachlichkeit. Aber eigentlich ist das Dilemma auch nicht schlecht, weil es die menschliche Kreativität belebt und dazu anregt, einen Ausweg zu suchen. Nun gibt es drei Wege, das kommunikative Hindernis zu beheben. Der radikalste – phantasieloseste und schlechteste – Weg wäre die sprachliche Vereinheitlichung der Menschheit: Schlecht ist der Weg, weil dabei eben der kognitive und kulturelle Reichtum verloren ginge, der mit den vielen Sprachen zusammenhängt. Die beiden anderen Wege sind weniger radikal, sehr viel besser und kreativer, weil sie die menschliche Vielsprachigkeit bewahren und als Quelle der Bereicherung benutzen: das Sprachenlernen und das Übersetzen.

Das Erlernen von Sprachen ist, wie wir alle wissen, wenn wir nicht das Glück einer zweisprachigen Familie hatten, mühsam und auch auf einigermaßen wenige Sprachen beschränkt. Niemand kann die sechstausend Sprachen der Menschheit lernen. Der normale gebildete Europäer kann eine oder zwei fremde Sprachen. Für das Erlernen der dritten Fremdsprache fehlt den meisten Menschen zumeist schon die Zeit, wenn sie sich nicht beruflich mit Sprachen beschäftigen. Es gibt ganz wenige Menschen, die durch extreme Mehrsprachigkeit um einen Eintrag in das Guinness Book of Records wetteifern. In Bremen lebt ein Amerikaner, der vierundsechzig Sprachen beherrscht. Bewundernswert! Man möchte allerdings gern genauer wissen, was «beherrschen» heißt. Kann er eine Pizza in diesen Sprachen bestellen, oder kann er auch tatsächlich in den entsprechenden Sprachgemeinschaften die vielfältigen sprachlichen Aufgaben bewältigen, die das Leben stellt? Kann er Romane in diesen Sprachen lesen, eine längere Konversation durchstehen oder gar selber eine Rede halten? In der Antike war Mithridates, der König von Pontus, dafür berühmt, dass er – je nach Quelle – zwischen zweiundzwanzig und fünfzig Sprachen sprach. Wahrscheinlich konnte er seinen Soldaten in ihren Sprachen Befehle erteilen. Sprachwissenschaftler haben oft kognitive Kenntnisse einer großen Zahl von Sprachen, d.h. sie wissen, wie diese Sprachen strukturiert sind, wie sie sich anhören, welche Texte es gibt, wo und von wem sie gesprochen werden, aber sie sprechen diese Sprachen nicht, sie «können» sie nicht. Mehrsprachigkeit hat also ganz verschiedene Formen und Ausprägungen. Wie dem auch sei, eine oder mehrere Sprachen lernen ist deswegen ein intelligenter Ausweg aus dem Dilemma der menschlichen Vielsprachigkeit, weil es eine doppelte Belohnung bringt: Einerseits erweitert es die Möglichkeiten der Kommunikation, und andererseits erweitert es die geistigen Operationen des Menschen, der sich in ein anderes kognitives Gefüge hineindenken und hineinpraktizieren muss. Mehrsprachigwerden durch Sprachenlernen sprengt sozusagen das Gefängnis der Sprache (wenn es denn eines ist) in geistiger und in kommunikativer Hinsicht. Natürlich ist damit das Dilemma nicht wirklich behoben: Auch der zwei- oder dreisprachige Mensch kann nicht mit allen Menschen des Globus sprechen (aber er kommt eben doch schon viel weiter als mit einer Sprache). Aber der sprachenlernende Mensch macht eben die Erfahrung, dass es einen Ausweg gibt und dass sich dieser Ausweg in vielerlei Hinsicht lohnt.

Für die Sprachwelten, die die Menschen sich nicht selber erschließen können, gibt es des weiteren die Möglichkeit der Übersetzung. Noch aus den fernsten Sprachen kann mir der Übersetzer die Reden anderssprachiger Menschen in meine Sprache hineinrufen. Menschliche Rede ist von jeder Sprache in jede andere übersetzbar. Dies ist natürlich etwas Wunderbares. Aber in gewisser Hinsicht ist es auch eine relativ «bequeme» Lösung des Vielsprachigkeits-Dilemmas: Alles bleibt, wie es ist, und einige wenige Spezialisten bewältigen die Aufgabe, die Verständigung zu den anderssprachigen Menschen herzustellen. Deren Sprache bleibt aber – außer für die Übersetzer – im wesentlichen außerhalb der Erfahrung der Sprachgemeinschaft, in die hineinübersetzt wird. Deswegen ist dies tatsächlich nicht der überzeugendste Weg, andere Kulturen und andere Welten zu verstehen. Sprachenlernen ist sicher besser. Dennoch ist aber Übersetzen ein großer Schritt hin auf den Anderen. Kulturen, die viel übersetzen, sind neugierig auf die Welt der Anderen. Die Übersetzungsaktivitäten eines Sprachraums sind ein guter Indikator für diese Neugier. Kulturen, die wenig übersetzen, interessieren sich nicht für die Anderen. Und wenn sie dann auch noch das Sprachenlernen wenig fördern, schließen sie sich selbstgenügsam ein, keine gute Voraussetzung für kulturellen Austausch oder gar für perspektivisches Denken. Imperiale Kulturen zwingen darüber hinaus mit dieser Haltung die Anderen zur sprachlichen Unterwerfung: Die Griechen haben keine Sprachen gelernt und zunächst auch nichts übersetzt. Erst hellenisierte Juden – also «globalisierte» Fremde – haben im dritten Jahrhundert v. Chr. die Bibel ins Griechische übersetzt. Das hat dann allerdings die griechische Welt-Kultur entscheidend verändert. Auch die Römer haben – außer Griechisch (aber das war sozusagen die höhere «eigene» Sprache, die «Kultursprache» der Römer) – keine Sprachen gelernt und nichts übersetzt. Die lateinische Kirche als kulturelle Erbin des Römischen Reiches ist – außer auf Griechisches – nicht gerade offen auf Anderes gewesen, das sie eher als «heidnisch» ausgeschlossen und unterdrückt hat. Erst die modernen nationalsprachlichen Kulturen übersetzen viel und befördern auch das Sprachenlernen. Je weniger imperial sich eine Kultur versteht, desto neugieriger scheint sie zu sein. Auch heute werden – wie die «hellenisierten Juden» der Antike – globalisierte Nicht-Anglophone selbst dafür sorgen müssen, dass ihre Werke in die imperiale Sprache hineinübersetzt werden.

Ich habe gerade keck behauptet, dass jede menschliche Rede von jeder Sprache in jede andere übersetzt werden kann. Dies ist ein umstrittener Satz in der jahrhundertelangen Reflexion über das Übersetzen. Ebenso oft wird nämlich gesagt, dass Übersetzen eigentlich unmöglich sei oder – etwas schwächer – dass viel beim Übersetzen «verloren» gehe und dass man niemals «dasselbe» zu hören oder zu lesen bekomme. Beide Aussagen sind richtig, sie enthalten das grundlegende Dilemma des Übersetzens.

Um die Frage nach der Übersetzbarkeit überhaupt sinnvoll diskutieren zu können, ist eine Feststellung fundamental, nämlich dass man nicht «Sprachen», sondern Texte oder Äußerungen übersetzt. Sprachen sind, wir haben es gesehen, Abstraktionen, die als solche nicht in der Welt vorkommen und die daher auch nicht übersetzt werden. Die «Sprache», die in der Welt vorkommt und die übersetzt werden muss, ist text- oder äußerungsförmig. Das festzustellen ist deswegen wichtig, weil die Diskussion um die Übersetzbarkeit immer noch und immer wieder anhand von einzelnen Wörtern geführt wird. Da werden Wörter wie Beutestücke hochgehalten und für unübersetzbar erklärt. Die berühmten unübersetzbaren Wörter, etwa dt. *gemütlich* oder frz. *esprit*, werden aber – ebensowenig wie die als übersetzbar geltenden Wörter – gar nicht als einzelne Wörter übersetzt. Zweisprachige Wörterbücher sind keine «Übersetzungen» des Wortschatzes einer Sprache, sondern Vorschläge dafür, was eventuell in Äußerungen in der Zielsprache an der Stelle stehen könnte, wo das angegebene Wort in der Ausgangssprache steht. Wie riskant diese Vorschläge sind, kennen wir alle aus schlechten Übersetzungen: Natürlich gibt das Wörterbuch für *Uhr* auf englisch das Wort *watch* an. Dennoch ist das berühmte «What watch?» aus *Casablanca* nicht richtig als Übersetzung von «Wieviel Uhr?». Übersetzt werden Äußerungen, in denen Wörter vorkommen, nicht einzelne Wörter. «Heute abend machen wir es uns aber richtig gemütlich». Natürlich kann auch ein Franzose seiner Frau etwas vorschlagen, das dem deutschen

Vorschlag ziemlich genau entspricht, auch wenn es kein genaues Pendant zu *gemütlich* gibt, etwa: «Ce soir, on se la coule douce» oder: «Ce soir, on se fait une soirée bien tranquille». Die in den französischen Sätzen vorkommenden Adjektive *doux* oder *tranquille* enthalten nur einen Teil der Semantik von *gemütlich* – und dennoch hat der französische Ehemann genau denselben Vorschlag gemacht wie der deutsche. Umgekehrt kann der Lobpreis eines Buches «C'est un livre plein d'esprit» auf deutsch ziemlich genau mit: «Das ist ein sehr geistvolles Buch» wiedergegeben werden. Der *Geist* ist hier zwar in ein Adjektiv integriert, ansonsten ist er aber weitgehend mit dem französischen *esprit* identisch, auch wenn der immer für unübersetzbar erklärt wird.

Man sagt also dasselbe, aber man sagt es jeweils anders. Der erste Teil dieses Doppelsatzes steht für die optimistische Behauptung, dass man jede Rede in jede andere Sprache übersetzen kann. Und der zweite Teil steht für die pessimistischere Behauptung, dass «etwas verlorengeht» oder dass das Übersetzte den Ausgangstext «verrät» (traduttore traditore). Zwei Übersetzungstheoretiker haben kürzlich diese Opposition in den Titeln ihrer Bücher deutlich gemacht und jeweils anders akzentuiert: Umberto Eco, *Dire quasi la stessa cosa* («Fast dasselbe sagen») (2003), betont mehr die Identität des jeweils Gesagten (*la stessa cosa*), mit der kleinen Einschränkung «fast», *quasi*, die für die – eher gering eingeschätzte – Verschiedenheit steht. Peter Utz, *Anders gesagt – autrement dit – in other words* (2007), legt dagegen den Akzent gerade auf die Andersheit – und findet diese besonders reizvoll, keine Spur von Verzweiflung über das Andere. Die unausweichliche Dialektik des Übersetzens kann also – so oder so – ertragen werden.

7. Schluss-Worte

Und am Ende dieses Buches über die Sprache sollen, völlig unkommentiert, die immer noch schönsten Worte über die Sprache stehen:

Die Sprache, in ihrem wirklichen Wesen aufgefasst, ist etwas beständig und in jedem Augenblicke Vorübergehendes. Selbst ihre Erhaltung durch die Schrift ist immer nur eine unvollständige, mumienartige Aufbewahrung, die es erst doch wieder bedarf, dass man dabei den lebendigen Vortrag zu versinnlichen sucht. Sie selbst ist kein Werk (Ergon), sondern eine Thätigkeit (Energeia). Ihre wahre Definition kann daher nur eine genetische sein. Sie ist nämlich die sich ewig wiederholende Arbeit des Geistes, den articulirten Laut zum Ausdruck des Gedanken fähig zu machen. (Humboldt VII: 45 f.)

Die Sprache ist das bildende Organ des Gedanken. Die intellectuelle Thätigkeit, durchaus geistig, durchaus innerlich, und gewissermaßen spurlos vorübergehend, wird durch den Laut in der Rede äußerlich und wahrnehmbar für die Sinne. Sie und die Sprache sind daher Eins und unzertrennlich von einander. Sie ist aber auch in sich an die Nothwendigkeit geknüpft, eine Verbindung mit dem Sprachlaut einzugehen; das Denken kann sonst nicht zur Deutlichkeit gelangen, die Vorstellung nicht zum Begriff werden. Die unzertrennliche Verbindung des Gedanken, der Stimmwerkzeuge und des Gehörs zur Sprache liegt unabänderlich in der ursprünglichen, nicht weiter zu erklärenden Einrichtung der menschlichen Natur. (Humboldt VII: 53)

Es liegt aber in dem ursprünglichen Wesen der Sprache ein unabänderlicher Dualismus, und die Möglichkeit des Sprechens selbst wird durch Anrede und Erwiederung bedingt. Schon das

Denken ist wesentlich von Neigung zu gesellschaftlichem Daseyn begleitet, und der Mensch sehnt sich, abgesehen von allen körperlichen und Empfindungs-Beziehungen, auch zum Behuf seines bloßen Denkens nach einem dem *Ich* entsprechenden *Du*, der Begriff scheint ihm erst seine Bestimmtheit und Gewissheit durch das Zurückstrahlen aus einer fremden Denkkraft zu erreichen. (Humboldt VI: 26)

Bibliographie

1. Sprache

Bloomfield, Leonard (1933): *Language*. London: Allen & Unwin 1935.
Hjelmslev, Louis 1968: *Die Sprache. Eine Einführung*. Darmstadt: Wiss. Buchgesellschaft (dän. Orig.: 1963).
Humboldt, Wilhelm von 1994: *Über die Sprache. Reden vor der Akademie* (Hrsg. Jürgen Trabant). Tübingen/Basel: Francke.
Jespersen, Otto (1922) *Language. Its Nature, Development and Origin*. [13]London: Allen & Unwin 1968.
Lyons, John 1983: *Die Sprache*. München: Beck (engl. Orig. 1981).
Nützel, Nikolaus 2007: *Sprache oder Was den Menschen zum Menschen macht*. München: cbj. (ein Jugendbuch, sicher das amüsanteste Buch in dieser Sektion)
Sapir, Edward 1961: *Die Sprache. Eine Einführung in das Wesen der Sprache*. München: Hueber (amerik. Orig. 1921).

2. Zitierte Werke

Bauer, Laurie/Trudgill, Peter (Hrsg.) 1998: *Language Myths*. London: Penguin.
Bickerton, Derek 1981: The *Roots of Language*. Ann Arbor: Karoma.
Blank, Andreas 2001: *Einführung in die lexikalische Semantik für Romanisten*. Tübingen: Niemeyer.
Bühler, Karl (1934): *Sprachtheorie. Die Darstellungsfunktion der Sprache*. [3]Stuttgart: Lucius & Lucius 1999.
Chomsky, Noam 1991: Linguistics and Cognitive Science: Problems and Mysteries. In: Kasher, Asa (Hrsg.): *The Chomskyan Turn*. Cambridge, Mass./Oxford: Blackwell: 26–53.
– 2000: *New Horizons in the Study of Language and Mind*. Cambridge: Cambridge Univ. Press.
Coseriu, Eugenio 1974: *Synchronie, Diachronie und Geschichte. Das Problem des Sprachwandels*. München: Fink.
– 1975: Die sprachlichen (und die anderen) Universalien. In: Brigitte Schlieben-Lange (Hrsg.): *Sprachtheorie*. Hamburg: Hoffmann und Campe: 127–161.
Crystal, David 2000: *Language Death*. Cambridge: Cambridge Univ. Press.

Dante Alighieri 1979: *De vulgari eloquentia*. In: Dante Alighieri: *Opere minori* II (Hrsg. Pier Vincenzo Mengaldo). Milano/Napoli: Ricciardi: 1–237.
– 1988: *Convivio* = Dante Alighieri: *Opere minori* I/2 (Hrsg. Cesare Vasoli/Domenico De Robertis). Milano/Napoli: Ricciardi.
Deacon, Terrence 1998: *The Symbolic Species. Co-evolution of Language and the Brain*. New York/London: Norton & Co.
Deutscher, Guy 2008: *Du Jane, ich Goethe. Eine Geschichte der Sprache* (Übers. Martin Pfeiffer). München: Beck.
Eco, Umberto 2003: *Dire quasi la stessa cosa. Esperienze di traduzione*. Mailand: Bompiani.
Haarmann, Harald 2001: *Kleines Lexikon der Sprachen. Von Albanisch bis Zulu*. München: Beck.
Haspelmath, Martin 1993: *A Grammar of Lezgian*. Berlin/New York: Mouton/de Gruyter.
Haspelmath, Martin/Dryer, Matthew/Gil, David/Comrie, Bernard (Hrsg.) 2005: *The World Atlas of Language Structures*. Oxford: Oxford Univ. Press. (www.wals.info)
Hauser, Marc D./Chomsky, Noam/Fitch, W. Tecumseh 2002: The Faculty of Language: What Is It, Who Has It, and How Did It Evolve. In: *Science* 298: 1569–1579.
Heine, Bernd/Kuteva, Tania 2006: *The Changing Languages of Europe*. Oxford: Oxford Univ. Press.
Humboldt, Wilhelm von 1903–36: *Gesammelte Schriften*. 17 Bde. (Hrsg. Albert Leitzmann u. a.). Berlin: Behr.
Keller, Rudi 1990: *Sprachwandel. Von der unsichtbaren Hand in der Sprache*. Tübingen: Francke.
Klann-Delius, Gisela 1999: *Spracherwerb*. Stuttgart/Weimar: Metzler.
Koch, Peter/Oesterreicher, Wulf 1985: Sprache der Nähe – Sprache der Distanz. Mündlichkeit und Schriftlichkeit im Spannungsfeld von Sprachtheorie und Sprachgeschichte. In: *Romanistisches Jahrbuch* 36: 15–43.
Leroi-Gourhan, André 1964/65: *Le geste et la parole*. 2 Bde. Paris: Albin Michel.
Lieberman, Philip 1998: *Eve Spoke. Human Language and Human Evolution*. New York/London: Norton & Co.
Martinet, André 1963: *Grundzüge der Allgemeinen Sprachwissenschaft*. ⁴Stuttgart: Kohlhammer.
Maynard Smith, John/Szathmáry, Eörs 1995: *The Major Transitions in Evolution*. Oxford: Freeman.
Ong, Walter 1982: *Orality and Literacy. The Technologizing of the Word*. London/New York: Methuen.
Pompino-Marschall, Bernd 2003: *Einführung in die Phonetik*. ²Berlin/New York: de Gruyter.

Roth, Gerhard 1997: *Das Gehirn und seine Wirklichkeit. Kognitive Neurobiologie und ihre philosophischen Konsequenzen.* [5]Frankfurt am Main: Suhrkamp.

Ruhlen, Merritt 1987: *A Guide to the World's Languages.* Stanford, Ca.: Stanford Univ. Press.

Sacks, Harvey/Schegloff, Emanuel A./Jefferson, Gail 1974: A simplest systematics for the organisation of turn-taking in conversation. In: *Language* 50(4): 696–735.

Saussure, Ferdinand de (1916): *Cours de linguistique générale* (Hrsg. Tullio De Mauro). Paris: Payot 1975.

Schlieben-Lange, Brigitte 1983: *Traditionen des Sprechens. Elemente einer pragmatischen Sprachgeschichtsschreibung.* Stuttgart: Kohlhammer.

Searle, John R. 1969: *Speech Acts. An Essay in the Philosophy of Language.* Cambridge: Cambridge Univ. Press.

Skutnabb-Kangas, Tove 2000: *Linguistic Genocide in Education – or Worldwide Diversity and Human Rights?* Mahwah, N.J./London: Lawrence Erlbaum.

Tomasello, Michael 2002: Die *kulturelle Entwicklung des menschlichen Denkens.* Frankfurt am Main: Suhrkamp.

Trabant, Jürgen 1994: *Elemente der Semiotik.* [3]Tübingen und Basel: Francke.

– 2006: *Europäisches Sprachdenken von Platon bis Wittgenstein.* München: Beck.

Trabant, Jürgen/Ward, Sean (Hrsg.) 2001: *New Essays on the Origin of Language.* Berlin/New York: de Gruyter.

Utz, Peter 2007: *Anders gesagt – autrement dit – in other words. Übersetzt gelesen: Hoffmann, Fontane, Kafka, Musil.* München: Hanser.

Vico, Giambattista (1744): *Princìpi di scienza nuova d'intorno alla comune natura delle nazioni.* In: *Opere* (Hrsg. Andrea Battistini). Bd. 1. Milano: Mondadori 1990: 411–971.

Weinrich, Harald 1971: *Tempus. Besprochene und erzählte Welt.* [2]Stuttgart: Kohlhammer.

Whorf, Benjamin Lee 1963: *Sprache, Denken, Wirklichkeit.* Reinbek: Rowohlt.

Register

Alltagssprache 11 f., 15
Antwort 18
Appell 24, 30, 32
Artikulation 27 ff.
Ausbau 99
Ausdruck 24
Äußerung 21 f.
Babel 42, 58 f., 112, 118
Bedeutung 18 ff.
Darstellung 23 f., 30
Denken 63
Deixis 34 f.
Deutsch 93 f.
Dichtung 90
Diskurs 79 ff.
Ende 78
Evolution 8 ff., 109 f., 113 ff.
Ferne (Distanz) 66, 95 f.
Fernsprechen 39
Fixierung 74
Fremdsprachenerwerb 117
Gattung 78
Gebärde 9, 83, 96
Gehirn 109 f.
Genealogie 56
Geschlecht 72, 98
gesellschaftlich 41
Gestik 34
Gliederung (doppelte) 26 ff., 57, 114
Globalesisch 108
historisch-kulturell 40 ff.
Hören 18
Individuum 85
Intonation 33
Jugendsprache 71
Koinè 48, 107
kommunikative Dimension 18, 26, 39
Konversationsanalyse 32 f.
Kundgabe 24, 30, 32
langage 17
langue 17
Lesgisch 53 f.
Literatur 64, 87, 99 f.
Logos 7, 10, 15
Medien 70
Mehrsprachigkeit 69, 119
Metapher 75, 84
Metonymie 75, 84
Migrantensprache 107
Mimik 34
Minderheitensprache 106

Mitdenken 31
Nähe 66, 95 f.
Nation 67
Nationalsprache 100
neue Medien 96
Norm 70
Origo 35, 38
Phonem 28
Plurilinguismus 61
Rechtschreibreform 91, 93
Referenz 35
Rhetorik 82 ff.
romanische Sprachen 46 ff.
Satz 22 f.
Schöpfung 86
Schrei 9
Schreiben 37
Schriftlichkeit 93
semantische Dimension 24, 39
Sinn 33
Situation 72
Sprachbund 55 f.
Spracherwerb 116
Sprachfamilie 49, 56
Sprachgrenze 46
Sprachmythos 14 f.
Sprachpflege 77
Sprachwissen 36 f.
Sprachwissenschaft 12 f., 53
Sprechakttheorie 32
Staat 104 ff.
Status 99
Stimme 17, 39 f., 83
Terminus 63, 78
Typologie 56
Übersetzung 120 ff.
Umfeld 35
Universalien 57
unsichtbare Hand 76
Ursprung 9, 42, 112, 115
Varietät 69, 71
Veränderbarkeit 73
Vernakularsprache 101, 108
Vielfalt 45
Weltaneignung 30
Weltansicht 61, 65, 74, 101
Weltsprache 107
Weltwissen 36 f.
Willkürlichkeit 29 f.
Wissenschaft 62
Wort 21, 63